KB187276

배고플 때 읽으면 위험한

# 집밥의 역사

배고플 때 읽으면 위험한

# 집밥의 역사

**초판 1쇄 발행** · 2019년 1월 30일

**지은이** · 신재근
**펴낸이** · 김동하
**책임편집** · 김원희

**펴낸곳** · 책들의정원
**출판신고** · 2015년 1월 14일 제2016-000120호
**주소** · (03955) 서울시 마포구 방울내로9안길 32, 2층(망원동)
**문의** · (070) 7853-8600
**팩스** · (02) 6020-8601
**이메일** · books-garden1@naver.com
**블로그** · books-garden1.blog.me

ISBN · 979-11-6416-002-0 (03900)

맛깔나는 동서양 음식문화사의 대향연

배고플 때 읽으면 위험한

# 집밥의 역사

신재근 지음

책들의정원

## 저녁을 준비하며

## 사람과 사람을 이어주는 연결 고리

최근 요리와 음식을 체험하고 소비하는 것이 하나의 대중문화로 자리매김했다. 음식은 먹는 이에게는 큰 기쁨이고, 만드는 이에게는 하나의 작품이며, 또 다른 누군가에게는 연구할 만한 가치가 있는 학문으로 여겨지기도 한다. 그러나 옛날에 요리는 지위가 낮은 이들이 하는 일로 폄하되기 일쑤였고 요리를 학문으로 여기는 일도 없었다. 이러한 요리가 하나의 학문으로 인정받기까지는 많은 우여곡절이 있었다.

요리라는 개념이 정의되지 않던 시절부터 오늘날 요리가 하나의 인문학으로 자리 잡기까지는 많은 시간을 필요로 했는데, 리케이온에 도서관을 만든 고대 그리스의 최고 지식인 아리스토텔레스가 그의 저서 《정치학<sup>Politics</sup>》에 '요리는 인간의 지식 중 종속적인 분야이고 노예에게나 알맞은 기술'이라고 서술한 것에서 고대 사람들의 요리에 대한 시각이 어떠한지 엿볼 수 있다. 이후 기독교 중심의 시대에서도 '7대 죄악' 중의 하나인 '탐식'에 폭식을 포함한 식도락을 그 범주에 끼워 넣을 정도로 요리의 위상이 낮았으며, 이는 음식에 대한 연구와 저술을 하는 데 있어 큰 장애물로 작용했다. 18세기가 되어서야 음식과 요리는 아리스토텔레스가 이야기한 종속 분야에서 벗어나 하나의 학문으로 발전할 수 있었다.

레스토랑 산업이 발달하면서 '요리의 제왕'으로 알려져 있는 프랑스의 요리사이자 요리연구가인 '오귀스트 에스코피에Auguste Escoffier'가 등장하게 된다. 그는 주방 조직을 체계화하여 정리한 자신의 저서 《요리 안내le guide culinaire》에서 주방 책임자를 '셰프 퀴지너Chef cuisinier'라고 명명한다. 이때부터 '셰프Chef'가 요리사를 칭하는 용어로 전 세계에 알려지고 직업인으로서의 확고한 위치를 갖게 되었다. 또한 "그대 무엇을 먹는지 말하라, 그러면 나는 그대가 누군지 말해보겠다"라는 명언으로 유명한 장 앙텔름 브리야 사바랭Jean

Anthelme Brillat-Savarin, 1755~1826은 '미식학Gastronomy'을 학문으로 발전시켰다.

　인류의 식생활사와 음식에 대한 다양한 경험을 정리한 그의 저서 《브리야 사바랭의 미식 예찬Physiologie du goût》원제: 미각의 생리학은 미식학 장르의 성서로 여겨지며 현대에도 많은 사람이 읽는 '음식인문학'의 고전이 되었다. 요리를 깊게 연구하고 발전시키는 이러한 선지자들이 있었기에 요리의 위상이 지금에 이를 수 있었다고 본다. 음식을 문화로 이해하는 것은 매우 중요한 가치를 지니는데, 각 나라별 음식의 문화는 그 나라의 자연환경과 역사, 종교, 사회적 체계 등이 어우러진 환경을 반영하고 있기 때문이다. 앞으로도 음식에 대한 연구는 끊임없이 이어져야 한다.


　집밥이라는 말은 '일반 가정에서 만들어 먹는 음식을 의미하는 신조어'로 2000년대 이전에는 존재하지 않았던 단어이다. 1인 가구와 맞벌이, 학교 급식이 보편화되면서 집에서 요리를 해서 먹는 일이 줄어들고 외식과 배달 애플리케이션, 편의점 음식 등으로 집밥을 대체하는 경우가 많아졌다. 하지만 이와 반대로 먹거리에 대한 불안감이 더해지고 어머니가 차려주시던 따뜻한 밥상을 그리워하게 되면서 '집밥'이 주목받고 있다. 요리수업을 하다 보면 이런 질문을 받을 때가 있다. "집에서도 이렇게 만들어 드세요?"라는 물음이다. 일반적으로 직업은 취미가 될 수 없다고들 하지만 맘에 드는 접시와 주방 소품을 사서 주방 한 켠의 장식장에 모으고, 그 접시와 소품의 용도에 맞는 맛있는 집밥을 차리는 일이 나의 소박한 취미가 되었다.

《배고플 때 읽으면 위험한 집밥의 역사》는 음식에 대한 역사와 인문학에 큰 관심이 집중되고 있는 가운데 우리 주변에서 너무 흔하게 볼 수 있기에 오히려 놓치기 쉬운 음식들의 역사를 찾아보고 되짚어보자는 취지에서 만들어진 책이다. 우리 음식과 세계 음식의 유래와 변천사, 식문화를 발전시킨 놀라운 발명의 이야기, 요리에 연관된 가슴 아픈 사연 등을 역사학자나 칼럼니스트의 관점이 아닌 직접 요리를 만드는 셰프의 관점에서 살피면서 조리 기술과 기구의 기능적 발달에 따른 음식의 변화 과정도 함께 엮어내어 읽는 재미를 더하고 있다.

이 책을 쓰기 위해 매주 새로운 주제를 정해 마트와 여러 맛집을 오가는 동안 아내, 그리고 죽마고우라 할 수 있는 친구들과 진솔한 이야기를 나눌 수 있었다. 역시 음식은 사람과 사람을 이어주는 가장 좋은 연결 고리임을 새삼 깨닫게 된다. 이 책이 식사 자리에서 음식에 대한 상호 교감을 나누는 데 도움이 되길 바란다.

2019년 1월

신재근

**저녁 식사를 준비하며 |**

사람과 사람을 이어주는 연결 고리 … 004


**한 접시 | 오늘은 뭘 먹지?**

떡국은 언제부터 먹었을까? … 016

우리 집 김 굽는 날 … 021

김장과 항아리의 상관관계 … 025

삼계탕과 영양탕의 뒤바뀐 운명 … 034

세계인의 입맛을 사로잡은 불고기 … 042


**두 접시 | 이 나라에선 무엇을 먹을까?**

'이국적'인 맛, 타이 요리 … 050

스페인의 낮잠문화와 타파스 … 057

이베리코 하몽과 동물 복지 … 063

가축화의 선물, 비프스테이크 … 071

자본주의의 맛, 햄버거 … 082

마르게리타 피자부터 시카고 피자까지 … 088

## 세 접시 | 우리 집 식탁에는…

감자탕과 맬서스의 인구론 … 098

족발과 슈바인스학세 … 104

오이냉국과 오이 포비아 … 113

만둣국과 종로의 추억 … 120

불의 선물, 삼겹살 … 129

## 네 접시 │ 사연 없는 음식 없다

쌀국수의 슬픈 세계화 ⋯ 138

아보카도의 인기는 현재 진행형 ⋯ 144

비극과 열정의 단어 '디저트' ⋯ 152

바닷가재 먹기 싫어요! ⋯ 161

카사노바가 사랑한 굴 ⋯ 168

오징어는 할랄푸드? 코셔푸드? ⋯ 175

## 다섯 접시 │ 넌 어디서 왔니?

오늘도 '돈가스'를 먹는다 ⋯ 188

탕수육과 짜장면의 추억 ⋯ 194

카레라이스와 인지 기억 광고 ⋯ 199

2002년 월드컵이 낳은 또 하나의 기적, 치맥 ⋯ 205

양꼬치와 칭타오 ⋯ 211

**여섯 접시 | 맛있는 음식에는 이유가 있다**

참치회와 냉장고의 발명 ⋯ 222

바다의 소고기, 연어 ⋯ 230

소시지의 세계 식탁 점령기 ⋯ 238

바늘엔 실, 파스타엔 포크 ⋯ 248

장어 덮밥을 먹을 수 없게 된다면? ⋯ 255

**설거지를 하며** | HMR가정 대체식, 집밥의 미래 ⋯ 261

# Menu

떡국은 언제부터 먹었을까?

우리 집 김 굽는 날

김장과 항아리의 상관관계

삼계탕과 영양탕의 뒤바뀐 운명

세계인의 입맛을 사로잡은 불고기

# 한 접시

## 오늘은
## 뭘 먹지?

# 떡국은 언제부터 먹었을까?

　설날 아침 욕심껏 만두를 빚어 떡만둣국을 만든다. 찬물에 담가 핏물을 뺀 소고기 양지, 대파, 마늘, 다시마, 무를 넣고 국을 끓인다. 보글보글 끓기 시작하면 거품을 조심스럽게 걷어내어 국을 맑게 한다. 전 부치는 기름 냄새가 명절을 알리는 신호라면, 맑은 소고깃국의 냄새는 명절을 보내는 우리를 둘러싼 배경 같다.

　다른 나라에서는 절대 맡을 수 없는 우리나라 식탁의 향인 명절 기름 냄새와 소고깃국 냄새에는 한겨울을 따뜻하게 해주는 풍요로움이 깃들어 있어 참 좋다.

## 떡이 먼저? 밥이 먼저?

쌀은 전 세계에서 가장 많이 생산되고 소비되는 농산물 중 세 번째 1위는 옥수수, 2위는 사탕수수 로, 동아시아를 비롯하여 아시아 대부분의 지역과 중동, 북아프리카에서 많이 소비되는 곡물이다.

쌀은 우리나라와 일본, 중국의 만주 지역에서 소비되는 자포니카 품종 japonica type 과 인도와 아랍, 동남아시아에서 소비되는 '알란미'라고 불리는 인디카 품종 indica type 으로 나뉜다. 자포니카 품종은 떡을 만드는 데 필요한 아밀로펙틴과 아밀로오스의 함량이 우수하여 동아시아 3국은 떡 문화가 발달했다. 아밀로펙틴의 함량이 높을수록 입에 짝 달라붙는 찰기를 더한다.

중국에서는 일반적으로 멥쌀을 빻아서 시루에 찌는 방법으로 시루떡을 만들었고, 일본은 아밀로펙틴 100%인 찹쌀을 쪄서 돌절구에 치는 방법으로 찰기 가득한 모찌를 만들어 먹었다. 반면, 우리나라는 멥쌀을 쪄서 돌절구에 치는 방법으로 떡을 만들었다. 중국과 일본은 떡을 주식이 아닌 부식으로 먹었지만, 우리나라에서는 겨울철에 주식으로 떡국을 먹기도 했다. 명절에서부터 정월 대보름까지 친지들과 동네 사람들이 명절놀이를 하며 떡국을 나누어 먹었을 우리 조상들의 모습을 떠올리니 마음이 참 따뜻해진다.

우리나라에서 삼국시대 때부터 '병탕 餠湯, 떡국'을 먹었다는 기록을 찾을 수 있다. 삼국시대에 벼가 주<sup>±</sup> 작물로 완전히 자리 잡게 되면서 쌀을 주식으로 하는 우리나라 전통 식사의 기본 구조가 정립되었을 것으로 본다.

그렇다면 떡이 먼저일까? 밥이 먼저일까? 일반적으로 밥보다 떡이 먼저라는 것이 정설로 여겨진다. 삼국시대 이전의 토기들은 요리를 하거나 밥을 해 먹는 것보다는 곡식을 보관하거나 찌는 데 쓰이는 기구들이기 때문이다. 이 시대의 토기들은 대부분이 시루 형태의 조리 기구로, 토기에 쌀을 끓이는 방식보다는 시루를 얹어 쌀이나 가루 형태의 곡식을 쪄서 먹는 떡이나 찐 밥을 만드는 데 적합했을 것이다. 기원전 2333년 고조선이 세워지고 철기문화가 들어오면서 한반도는 부족 국가 시대를 맞이했다. 농경이 발전함에 따라 벼를 비롯한 기장, 보리, 콩 등의 생산도 늘어나게 되었고, 추수 후에 제천행사祭天行事를 지내거나 추수감사절로 발전하는 과정에서 떡과 술 등의 음식을 만드는 조리법도 함께 발전하였다.

##  밥은 언제부터 먹었을까?

삼국시대에 이르러 부엌이 본격적으로 기능을 갖추었고, 여러 조리기구가 고안되면서 삼국시대의 요리가 진일보하게 된다. 이 시기에 무쇠솥이 보급되면서 시루에 찌는 방식이 아닌 부뚜막의 가마솥에서 밥을 짓고 뜸을 들이는 과정을 거치는 '무쇠솥 밥'이 등장한다. 오늘날 냄비에 해당하는 쟁개비와 전골냄비도 있었던 것으로 보아 그 이전과 비교하여 식문화가 혁신적으로 발전했음을 알 수 있다. 밥이 일반화되면서 밥과 어울리는 채소절임과 장류, 젓갈 등이 이 시기에 발달하였고, 현재까지 이어지는 한민족의 일반적인 식사 형태가 완성되었다. 철기시대 후반, 무쇠솥이라는 새로운 기술력이 우리나라의 음식문화와 문명의 역사를 바꾸는 근간이 된다.

서양에서 크리스마스가 큰 축제인 것처럼 우리나라의 '정초'는 농한기인 겨울철 신년의 축제 기간이었다. 쌀을 빻아서 떡을 만들고, 가을 햇살과 겨울의 차고 건조한 바람에 말려 보관한 나물을 꺼내 무치고, 지금과 달리 닭보다 흔했다는 꿩을 잡아 꿩만두를 빚는다. 거기에 겨우내 땅속에 묻어둔 맛난 김치와 곶감, 대추를 올려 차례 상을 차린다. 정월대보름은 오곡밥을 만들고 부럼을 깨어 액운을 쫓고, 축제의 마지막 날에는 쥐불놀이로 화려하게 끝이 나는 우리 조상들의 진정한 축제 기간이었다.

##  동아시아 삼국의 명절 음식

정월 초의 식습관은 한·중·일 동아시아 삼국이 비슷한 형태를 띠고 있다. 우리나라는 떡국과 젓갈, 저<sub>김치의 옛말</sub>를 기본으로 한 육류와 해산물 등으로 신년의 아침상을 차려 가족들과 함께 먹는다. 중국의 가장 오래된 농업기술서인 가사협의 농서 《제민요술齊民要術》에 '탕병'이라는 떡국에 관한 이야기가 있는 것으로 미루어 중국에서도 옛날부터 떡국을 먹는 풍습이 있던 것으로 보인다. 일본에서 신년에 먹는 음식으로는 장수를 기원하는 '오세치 요리御節料理, 조림'와 맑은 국물에 찹쌀떡을 담가 먹는 '오조니お雜煮'라는 우리네 떡국과 비슷한 요리가 있다. 우리와 비슷한 식문화를 가진 일본을 보면 '감정적으로는 멀지만 참 가까운 나라구나'하는 생각이 든다.

요즘은 떡만 넣은 떡국이나 만두만 넣은 만둣국보다는 떡과 만두를 같이 넣은 떡만둣국이 대세지만 조선 시대까지만 해도 북쪽 지방에서는 설이 되면 만둣국을 많이 먹고, 남쪽 지방에서는 주로 떡국을 먹다가 민족 해방과 6·25전쟁 전후로 실향민들이 많이 내려오면서 떡만둣국을 먹게 되었다. 개성에서 먹는다는 조랭이떡국은 흰 가래떡을 도토리만 한 크기로 자른 뒤 가운데를 눌러서 누에고치 형태의 조랭이떡을 사용해 만든다. 각 지방마다 떡국의 모양과 국물, 떡국 위에 얹는 고명에는 조금씩 차이가 있어서 그 지역의 특색을 그대로 보여준다.

우리 집
김
굽는 날

완도가 고향인 선배로부터 파래가 섞인 돌김 한 톳[100장]을 선물받았다. 충남 광천이 고향인 나는 식감이 부드러운 '광천 김' 마니아이지만 가끔은 남해에서 생산되는 약간 거친 식감의 돌김을 먹는 것도 좋아한다. 돌김은 구워서 떡국의 고명으로 올리거나 튀겨 김부각을 만들어 먹으면 좋고, 김이 눅눅해지기 쉬운 시기에는 들기름을 살짝 넣어 무쳐 먹기에도 참 좋다.

선물받은 김은 파래가 20% 이상 섞인 파래 돌김이라 식감이 부드러워 보여 구운 김을 만들어본다. 참기름을 바르고, 맛소금 곱게 뿌려 간을 맞춘다. 굽자마자 거무스름했던 김이 파릇하니 먹기 좋은 색으로 변한다. 어느덧 고소하게 구워진 김의 향과 참기름 냄새가 집안에 가득 차서 환기를 해야 하나 싶었지만, 그대로 잠시 구운 김의 향을 음미해본다.

들기름을 바른 김을 선호하는 사람도 있겠지만, 개인적으로는 역시 구운 김은 참기름이 제 맛이다 싶고 돌김보다는 서해안에서 생산되는 재래김을 선호한다. 파래가 섞인 방사무늬 김의 부드러운 식감은 돌김이 따라갈 수 없는 구운 김 중 최고의 식감을 제공하기 때문이다. 아직도 광천 김을 최고로 치고, 구운 김의 대명사로 '광천 김'이 이름 높은 이유일 것이다.

 ## 우리나라 김의 유래

우리나라에서 김의 역사는 고려 시대부터 시작되었지만, 김 양식법이 보급되고 전국적으로 알려진 것은 약 400년 전부터다. 김을 양식하는 방법에는 지주식<sub>바다에 지주를 박아서 대나무 발을 매달아 김을 양식하는 방법</sub>과 부유식<sub>바다에 대발과 그물을 띄워 양식하는 방법</sub>이 있다. 전통적으로 공기와 접촉이 많은 지주식을 최고로 치지만 요즘은 대량생산에 유리한 부유식으로 양식하는 곳이 대부분이다. 늦가을에 대발과 그물에 김의 포자를 이식하여 겨울철과 이른 봄까지 양식한 후 채취한다.

김의 양대 산맥으로는 서해안의 광천 김과 남해안의 완도 김을 꼽는다. 광천 김은 예부터 맛이 좋아 임금님 진상품으로 꼽혔고, 명성이 자자해 김의 대명사로 불리기도 하지만 사실 우리나라 김 양식의 대부분은 남해안에서 이루어진다. 요즘은 해남 지역에서 해풍돌 1, 2호라는 생산성이 월등한 품종의 김이 개발되어 중국과 일본에도 우리나라 김이 많이 수출되고 있다.

##  서양인은 김을 어떻게 생각할까?

참 맛있는 김이지만 서양인들에는 아직 어색한 음식인 듯하다. 영국의 웨일스 해안 지방에서는 김을 따서 오트밀에 넣어 먹거나, 김으로 빵도 만들어 먹었다고 전해지지만 위도상으로 북유럽에 속하는 가난한 해안가 마을에서 '초근목피' 수준으로 소비했을 뿐이다. 현재도 김을 즐겨 먹는 나라는 우리나라와 일본, 중국과 베트남 정도뿐이다.

근래에는 전 세계에 김밥이 알려지면서 김도 조금씩 수출되고 있는 추세에 있지만 2차 세계대전 직후 전범 재판의 증거자료로 김이 나왔던 웃지 못할 에피소드도 있다. 2차 세계대전 중 필리핀과 남태평양에서 일본군의 포로로 잡힌 미군들은 생전 처음 보는 김을 '이상한 검은 종이'라 여기며 먹을 수 있는 음식이라고 생각하지 못했기에 김이 배식으로 나오자 일본군이 자신들에게 가하는 가학 행위라 여겼던 것이다. 이런 일화로만 보아도 서양인들에게 있어 해조류를 먹는 행위가 얼마나 생소한 일이었는지를 잘 알 수 있는 사건이라고 할 수 있겠다.

《죽기 전에 꼭 먹어야 할 세계 음식 재료 1001》에서 김은 특별한 풍미가 없고 희미한 바다의 맛이 느껴지며 바삭바삭하고 짭짤하여 간장에 곁들여 먹으면 맛있고, 치즈와 함께 먹으면 의외로 궁합이 잘 맞는다고 이야기하고 있다. 이것은 지극히 서양인의 시각에서 본 '오리엔탈리즘적'사고이지만 김과 치즈의 궁합에 대한 의견에는 수긍하게 된다.

# 김장과
# 항아리의
# 상관관계

 가을철 학교 행사인 '김치 담그는 날'은 학교 주변 저소득층 노인분들에게 김치를 만들어 전달하는 김장 나눔 행사이다. 음식을 같이 하며 소소한 행복을 나누는 이 행사에는 교직원들이 기쁜 마음으로 참석하여 분위기 훈훈하다. 다른 전공 교직원들의 근황과 결혼이나 출산 소식 등 이야깃거리가 풍성한 날이다. 함께 김장을 하는 일은 구성원들에게 정서적 유대감을 만들기 가장 좋은 방법 중 하나이다. 음식을 함께 만들고 나누는 것은 행복한 기억으로 자리 잡아 공동체를 이끄는 힘이 되는 것 같다.

 요즘은 김치를 담그는 집들이 적어졌다고는 하지만 유치원에서도 김치를 담그는 행사가 있을 정도로 우리는 어릴 적부터 김치 만드는 방법에 대해 배운다. 한국에 시집을 온 다문화 가정 여성들이 참가하는 김장 행사도 많이 마련되어 있는데, 그 이유는 김치를 담그는 것이 한국문화를 배우는 첫걸음이라 생각되기 때문일 것이다.

예나 지금이나 김치는 그 자체로 훌륭한 반찬이고, 김치찌개와 김치볶음밥, 김치전, 김치 수제비 등 다양한 요리의 재료가 되기도 한다. 행사 때 만든 김장김치 반포기를 얻어와 삼겹살 수육과 함께 저녁 식사를 한다. 갓 담근 싱싱한 김장김치와 삼겹살 수육 냄새가 풍성한 식탁이다.

##  로마의 소금길

김장을 하기 위한 세 가지 필수 요소가 있다. 김장에 들어가는 소금과 채소, 그리고 항아리다. 삼면이 바다에 인접한 우리나라는 바닷물에서 천일염을 만들 수 있으므로 예전부터 소금이 풍부하였을 것이라는 예상과는 달리 소금은 아주 귀한 자원이었다. 그도 그럴 것이 바닷물을 염전에서 햇볕에 말려 소금을 생산하는 천일염 생산방식이 도입된 것은 1907년이고, 이전까지는 자염煮鹽만을 사용하였기 때문이다.

자염이란 바닷물을 솥에 끓여 수분을 증발시키는 방식으로 소금을 생산하는 것으로, 땔감도 많이 들 뿐 아니라 노동력도 상당히 요구되기 때문에 이렇게 만든 소금은 가격이 비싸질 수밖에 없었다. 순수 우리말인 소금이 한자로 '小金'으로 불리기까지 했으니 당시의 가치를 알 만하다.

소금이 얼마나 귀한 조미료였는지는 '구황염救荒鹽'이란 말을 통해서도 알 수 있다. 구황염이란 말 그대로 '백성을 구하는 소금'이란 뜻으로 흉년이 들거나 재해가 닥쳐서 곡식보다 소금을 구하기가 어려졌을 때 나라에서 긴급구호품으로 위해 모아둔 소금을 말한다.


소금은 또한 로마제국 초기 나라의 성장을 유도하는 큰 역할을 하게 되는데, 염전을 개발하고 자염 생산을 바탕으로 소금길Via Salaria을 만든 로마는 그것을 바탕으로 전 유럽을 정복하기에 이른다. 소금길이 유럽의 무역과 부를 흡수하여 로마제국을 건설하는 1등 공신이 된 것이다.

소금길은 서쪽으로는 프랑스 켈트족의 소금광산과 동쪽으로 로마인의 땅이라고 명명한 '루마니아로마인의 나라라는 뜻의 Romania', 북쪽으로는 소금 도시라는 이름의 '잘츠부르크Sal+zburg, 소금+성'까지 뻗어 나가 로마로 하여금 유럽을 하나의 제국으로 통합하는 역할을 했다. 로마 병사들에게 소금으로 급여를 준 탓에 라틴어 'sal

소금'은 봉급을 뜻하는 'salay' 등 여러 가지 명사의 어원이 되기도 했다.

인간은 소금을 먹지 못하면 수분과 체액의 농도, 영양소의 불균형 등으로 사망에 이르기도 한다. 기독교 성서에서 '빛과 소금'이라는 말이 언급될 정도로 소금은 빛과 함께 우리에게 꼭 필요한 조미료이다. 자염을 먹던 우리와는 달리 유럽에서는 일찌감치 소금 광산이 발달하여 암염岩塩, rock salt을 소비하였다. 암염이란 지구의 지각운동으로 인해 바다였던 지역이 일정 지역에 갇히게 되면서 염전호수가 되고 증발·퇴적되어 소금이 광물의 형태로 남아 있는 것을 말한다. 소금 광산은 독일, 스페인, 루마니아, 프랑스에 존재했으며 전 유럽의 소금 창고 역할을 하였다.

19세기 후반 광산업의 발전으로 인해 소금 소비의 패턴이 천일염에서 암염으로 전환되었다. 우리나라의 경우 소금은 천일염sea salt 소비가 절대적이지만, 전 세계 소금 소비의 90%가 암염rock salt이다. 현대에는 전 세계 소금 생산량의 6%만이 식품으로 사용되고, 나머지는 소금을 분리하고 합성하여 눈을 녹이는 탄산칼슘, 비누와 세제에 사용되는 가성소다, PVC와 합성고무의 제조 등에 사용된다. 소금은 식품으로서뿐만 우리 삶에서 다양한 용도로 쓰이는 귀중한 자원이다.

## 기후가 김치의 맛을 결정하다

김치는 채소와 소금, 항아리, 그리고 우리나라의 사계절이라는 요소가 모여서 만들어진 음식이다. 소금과 우리나라에서 자라는 채소가 조합되면서 처음 김치가 탄생했고, 이후 김치를 보관하는 항아리가 등장하며 완벽한 저장 발효식품으로 발전한다.

초기 우리나라의 김치는 한반도에서 생산되는 채소, 들과 산에서 나는 들나물과 산나물들을 소금에 절여 추운 겨울 동계용 보관하는 저장식품으로 발전해왔다. 신라 시대 때 재배되었던 순무, 가지, 죽순, 도라지 등과 갖가지 채소들은 염장과 발효 과정을 거치면서 우리나라만의 채소 절임 발효식품인 '침채'가 되었다. 고려 시대에도 침채의 명맥은 이어져 불교국가인 고려에서는 절임형 침채와 물을 많이 넣은 동치미가 등장한다. 당시에도 빨간 김치는 인기여서 고추가 들어오기 전에는 빨간색 맨드라미꽃으로 꽃물을 우려 김치를 물들였다고 전해진다.

조선 시대 때 김치가 획기적으로 발전하는데, 인쇄술의 발달로 농서가 보급되면서 농업 생산성이 현저히 높아졌기 때문이다. 다양한 채소와 젓갈, 육류까지 김치에 첨가되면서 김치는 다양성을 가진 채소 절임이 되었고, 우리 민족의 밥상에서 빠지면 안 되는 중요한 식문화로 진일보하였다.

고추가 없던 조선 초기에도 매운맛을 선호하여 초피와 마늘을 듬뿍 넣어 매운맛을 강조했다. 조선 중기 이후에는 고추의 도입과 함께 배추와 무가 김치의 주재료로 등장하면서 이전의 침채에서는 볼 수 없던 배추김치가 등장한다. 실학서《증보산림경제增補山林經濟》에 김치를 만드는 데에 고추가 쓰였다는 기록이 있는 것으로 보아 우리가 아는 '빨간 맛' 김치는 1700년대 후반부터 먹어온 것으로 보인다.

조선 후기, 보부상들의 전국적인 시장 확대는 북쪽 함흥에서부터 남쪽 제주까지 음식문화의 확장과 각 지방 농산물들의 융합을 이뤄낸다. 1800년대에는 배추의 개량이 이루어져 결구형 배추를 생산하면서 현재 우리가 먹는 김치의 모양을 갖추게 된다. 이후 김치는 각 지방의 기후와 풍토에 맞는 개성이 담뿍 담긴 맛으로 발전한다. 겨울이 길고 추운 한반도 북부는 소금과 고춧가루를 적게 쓰며, 국물이 많고 채소의 향을 살린 김치를 주로 만든다. 특히 북쪽 지방은 겨울이 길어 김치가 더디 익기 때문에 맛이 싱겁고 맵지 않은 것이 특징이다. 이북의 시원한 동치미 국물이 만들어내는 냉면의 맛은 점차 전국을 사로잡으며 냉면 문화의 발전을 이끌어 가게 된다.

중부 지방에서는 담백한 김치를, 겨울에도 날씨가 따듯한 남부 지방에서는 소금과 각종 양념을 많이 넣어 만드는 '남도 김치'를 담가 먹는다. 남도 김치는 오래 저장할 수 있도록 고춧가루와 마늘, 젓갈류를 많이 넣어 만들기 때문에 맛이 맵고 짠 것이 특징이다. 다양하게 발전되어 가는 김치는 고추장, 된장과 함께 한국의 음식문화로 정착되었다.

##  김치는 항아리의 역사

항아리가 없으면 김치를 보관할 수 없었기 때문에 항아리의 보급은 김치 발전에 지대한 영향을 미치게 된다. 우리 민족만이 가진 옹기문화는 삼국시대부터 형성되었다고 전해지는데, 신라 초기의 굽이 달린 질그릇 토기에서부터 점점 배 쪽이 커지는 항아리로 발전한다. 옹기 중에서도 큰 옹기는 독이라고 부르고, 작은 옹기는 단지라고 부른다. 김장독과 꿀단지처럼 말이다.

당시 옹기는 지금의 김치냉장고보다 훨씬 귀하고 비싼 물건인지라 강원도와 같이 나무가 풍부한 지역에서는 나무로 만든 독이 사용되었다. 통나무 김칫독은 독성이 없는 버드나무를 많이 사용했다고 전해지며, 기름 먹인 한지를 발라 국물이 새지 않도록 하여 가볍고 오래 쓸 수 있다는 장점이 있어 옹기 대용으로 널리 사용되었다.

토기 항아리를 굽는 요성장窯成場, 조선 시대 항아리를 굽는 곳에서 살아 숨 쉬는 옹기 항아리가 탄생하면서 점차 전국적으로 일반 가정까지 보급되어 김장 후 땅속에 김칫독을 묻고 김치를 저장하기에 이른다. 옹기가 보급되자 여름에는 우물이나 냇가에 항아리를 담가 두면 김치를 시원하게 보관할 수 있었고, 겨울철에는 얼지 않도록 땅에 묻은 후 그 위에 움막을 만들어 보관하였다. 김장을 하고 땅에 김치를 묻어 보관하는 볏짚으로 된 움막 형태의 김치 저장고를 김치광이라 불렀다. 1990년대에는 호텔들마다 '김치광'이라는 부서가 있을 정도로 각 호텔에서 김치를 직접 담그던 시절도 있었다.

조선 후기 요성장에서 구워낸 가마식 항아리의 전국적인 보급으로 김치는 눈부시게 발전하였고 한민족 음식의 대명사로 자리매김하였다. 그리고 가마식 항아리는 진일보를 거듭하여 김치냉장고로 발전하게 된다. 김치는 우리말의 구개음화 현상으로 인해 침채→ 딤채→ 김치로 이어지는 언어의 변화를 거쳐 오늘날의 김치로 불리게 되었다. 김장 역시 침장이 김장으로 변화하게 된 것이다.

채소를 소금과 식초에 절여 먹는 방식은 전 세계에 널리 퍼져 있는 요리방법으로 중국의 자차이나 일본의 단무지, 유럽의 올리브와 오이 피클 등이 있다. 독일의 김치로 불리는 사우어크라우트가 우리나라의 김치와 비슷하지만, 우리나라의 김치처럼 소금에 절여 1차 발효를 한 후 마늘과 고추 등의 갖가지 양념을 더해 저장·발효

하여 먹는 음식은 세계에서 유래를 찾을 수 없기 때문에 김치는 우리나라만의 고유한 음식문화로 인정받고 있다.

1960년대 파독 광부들이 향수를 달래기 위해 사우어크라우트에 고춧가루와 비슷한 파프리카 파우더를 듬뿍 넣고, 독일 소시지를 넣어 김치찌개를 먹었다는 일화가 있다. 1980년대 미국에서 유학하신 선배 교수님들의 이야기를 들어보면 매운맛이 사무칠 때 베트남 쌀국수에 고추장과 비슷한 '쓰리라차 소스'를 듬뿍 풀어 먹었다고 한다. 나의 유학 시절도 다르지 않아 한국에서와 같은 명절 상차림은 아니지만 얼큰한 김치수제비를 끓여 먹으며 타지에서 보내는 추석에 우리의 맛을 느껴보려 애썼던 기억이 있다.

요즘은 한식이 한류의 한 축으로 자리매김하면서 한식 축제가 미국에서 열리고, 동남아시아까지도 유행이 확대되고 있다 하니 한식의 위상이 얼마나 높아졌는지 알 수 있는 것 같다. 요리학과 졸업생들에게 미국과 일본뿐만 아니라 유럽을 비롯한 남미에서까지 구인의뢰가 들어오는 걸 보면 '한국 음식이 많이 유행하고 있나 보다' 하고 체감하게 된다.

삼계탕과
영양탕의
뒤바뀐 운명

습한 장마가 물러나고 맑은 하늘과 따가운 햇볕이 가득한 여름
이 왔다. 일기예보에 폭염주의보가 발효되고 열대야가 치닫는 밤이
이어졌다. 마트에 삼계탕용 영계가 잔뜩 쌓여 있는 걸 보니 '초복이
돌아왔구나'하고 실감한다. 그리고 절기에 맞춰 음식을 먹어야 한다
는 알 수 없는 의무감이 자극받는다.

"오늘은 삼계탕을 먹을까?"하며 아내가 영계 두 마리를 카트에
집어넣는다. 지난겨울에 사서 얼려 놓은 인삼도 있고, 대추와 밤도
냉동고에 있으니 맛있는 삼계탕을 만들 수 있겠다.

닭을 씻어 항문과 목을 잘라내어 밤, 인삼, 찹쌀<sup>많이 넣으면 나중</sup>

에 항문으로 삐져나와 심히 보기 좋지 않으므로 한 숟가락만 넣을 것을 채워 넣고 포개 놓은 다리 사이로 대추를 끼워 넣는다. 냄비에 물을 조금 넣고 닭을 가지런하게 담아 가스 불을 켜면 끝. 이제 보글보글 끓어 닭이 다 익을 때까지 기다리기만 하면 된다.

선풍기 바람에 실려 집 안 구석구석 퍼지는 구수한 삼계탕 냄새는 무더운 삼복더위 속에서도 소소한 행복을 느끼게 한다.

 ## 구육狗肉과 구탕狗湯

'이열치열以熱治熱'의 보양식으로 잘 알려져 있으며 지금은 복날 음식의 대명사가 된 삼계탕의 역사는 생각보다 길지 않다. 닭을 물에 넣고 끓여 먹는 백숙은 조선 시대 때부터 존재하였지만 삼계탕은 찾아볼 수 없었고, 그 당시 복날 음식이라고 하면 삼계탕이 아닌 구탕狗湯, 즉 보신탕을 말했다. 기르는 개를 의미하는 한자인 '견犬' 자와 식용으로 사용하는 개 또는 개고기를 의미하는 한자인 '구狗' 자가 따로 있을 정도이니 개고기가 그 시대에는 중요한 단백질 공급원이었음을 짐작할 수 있다. 강아지 이름을 '백구'나 '황구'로 짓는 것은 옛 뜻으로는 나중에 개가 죽고 나면 먹겠다는 뜻이 되므로 이름을 지을 때 '구'자는 사용하지 않는 것이 좋겠다.

'구육狗肉'은 우리나라뿐 아니라 중국, 일본, 베트남 등 대부분의 동아시아에서 일반적으로 소비되었다. 중국 광동성에서는 개고기를 '향육香肉'이라 부르며 현재까지도 세계에서 가장 개고기를 많이 소비하고 있다. 그다음이 베트남으로 개고기를 먹으면 행운이 찾아온다는 속설이 있어 돼지고기와 닭고기만큼이나 소비량이 많다고 한다.

일본도 다르지 않아서, 개화기 때 일본에서 건너온 한 선교사의 기록에 의하면 '일본인들은 소고기보다 개고기를 즐겨 먹고, 특히 붉은색 개를 약용으로 쓴다'고 한다. 그만큼 동아시아에서 개고기를 식용으로 사용해 온 역사가 깊다.

 **조선 시대의 여름휴가, 복달임**

옛날부터 우리 조상들은 더위를 이기기 위해 계곡이나 그늘진 곳에서 하루를 즐기는 풍습이 있었는데 이를 '복달임' 또는 '복놀이'라 한다. 요즘으로 치면 한여름의 휴가라 하겠다. '복날' 역시 명칭은 나라마다 다르지만 한·중·일 3개국 모두 여름철이면 특정 음식을 먹는 날이 있다.

일본은 7월 말에 한 번, 혹은 두 번 장어를 먹는 '도요노우시노히'라고 불리는 복날이 있다. 중국은 우리와 똑같이 삼복이 있으며 초복에는 교자, 중복에는 면, 말복에는 지단을 먹는 풍습이 있다. 그러나 요즘은 중국도 자본주의화되어 교자, 면, 지단 대신 보양식을 챙겨 먹는 경우가 많다. 우리나라에서도 인기가 높은 중국 여배우 장쯔이와 영화감독 장예모도 스스로 삼계탕 마니아라고 하고, 우리나라의 토속촌 등에 있는 유명한 삼계탕집에 중국 단체의 관광버스가 진을 치고 있는 걸 보면 중국에서 삼계탕의 인기가 대단한 듯하다. 일본의 유명 작가인 무라카미 류도 그의 작품 《달콤한 악마가 내 안으로 들어왔다》에서 삼계탕을 한국 최고의 음식으로 뽑고 있음을 볼 때 일본인들에게도 삼계탕은 가장 맛있는 한국음식 중의 하나로 기억되는 듯하다. 무라카미 류는 어머니가 한국인이라고 한다. 그래서 그도 한국적 입맛을 가졌는지도 모르겠다.

##  삼계탕의 대중화는 언제부터?

우리나라 삼계탕의 역사는 100년도 안 된다고 전해진다. 백숙의 기원은 오래되었으나 닭에 인삼을 넣은 '삼계탕'은 조선 시대까지의 문헌에서 찾을 수가 없기 때문이다. 일제 강점기 때 조선 총독부 기관지로 발행되던 《조선》에 '계삼탕鷄蔘湯'이 처음으로 나오는데, 부자들이 매일 먹는 음식으로 표현된다. 계삼탕은 해방을 맞고, 한국 동란을 지난 1960년대가 되어서 '고려 삼계탕'이란 이름으로 명동에 출현한다. 1960년대에 양계 산업과 인삼의 재배가 활성화되면서 삼계탕이라는 산업 기반을 만들 수 있었기 때문이다. 하지만 1970년대까지만 해도 복날의 음식으로는 여전히 보신탕을 먹었다.

하지만 1986년 아시안게임과 1988년 서울올림픽이 열리자 외국인들의 거센 반발과 개고기 유통의 비위생적인 부분 등을 지적받아 보신탕은 영양탕, 사철탕 등 순화된 이름으로 바뀌며 도심의 도로변에서 사라지기 시작했다. 그렇게 보신탕 산업이 쇠퇴하였고 그 자리를 삼계탕 산업이 대신하게 된다.

특히 1984년에 종로 서촌에서 개업한 삼계탕집 토속촌이 고故 노무현 대통령이 살아생전 즐겨 가던 맛집이라고 알려지면서 인기를 끌기 시작하였고, 어느덧 삼계탕이 대한민국 여름 대표 음식의 자리를 차지하게 되었다. 보신탕을 안 먹는 사람들을 위한 사이드 메뉴에 불과했던 삼계탕이 한순간에 역전하게 된 것이다.

2000년대를 넘어가며 보신탕은 점점 사라지기 시작했다. '애견 인구 1천만' 시대에 보신탕을 먹는 행위가 많은 사람과의 관계를 불편하게 만들었기 때문이다. 그런 보신탕의 빈자리를 지금은 명맥만 남아 있는 양고기와 염소고기 영양탕집들이 채우고 있다. 요즘 대부분의 한식당에서 여름 보양식으로 삼계탕을 판매하고 있으며, 편의점과 대형마트에도 한자리씩 차지하고 있어 대한민국 대표 음식의 지위를 확인시켜준다.

**만병통치약 인삼**

우리나라 삼계탕의 역사는 '인삼'의 역사라고 해도 과언이 아니다. 인삼의 재배는 조선 시대 중종 때 경북 영주의 풍기에서부터 시작되었다고 문헌으로 전해지고 있다. 구설로는 고려 시대 때부터 재배되어 왔다고 하나, 기록을 찾을 수 없어 중종실록에 기록된 것을 인삼 재배의 최초로 본다.

인삼 속屬으로 분류되는 파낙스panax의 어원이 '만병통치약'일 정도로 서양에서도 인삼은 신비한 치유의 효능이 있는 약으로 알려져 있으며, 중국에서 의학과 농업의 창시자라고 불리는 설화 속의 인물인 신농씨神農氏는 인삼을 '신의 약재'라고 칭했다고도 한다. 동서양 모두 '신비한 효능을 가진 약'으로 인정하며 고대부터 쓰일 만큼 인삼은 우리 몸에 좋은 약재이다.

인삼의 생육은 산삼에 비해 훨씬 빨라서, 50년 동안 60g 정도밖에 자라지 않는 산삼에 비해 인삼은 6년 동안 평균 80g 정도 자란다. 산삼은 심심산골 깨끗한 자연에서 자라기 때문에 인삼보다 산삼의 효과가 훨씬 뛰어나다고 흔히 알려져 있지만, 아직 산삼의 약효가 인삼보다 월등하다는 연구는 보고된 바가 없기 때문에 최근 전문가들 사이에서는 약효의 차이에서 산삼이 '월등하다', '별 차이가 없다' 등 의견이 분분하다.

고려 인삼은 귀한 약재였기 때문에 우리나라 고려 시대 때부터 최고의 수출품으로 여겨지며 예로부터 지금까지 명맥을 내려오고 있다. 조선 시대 때는 일본으로 인삼을 수출할 경우 은으로 대금을 지급받았으며 한참 인삼 가격이 좋을 경우에는 인삼 무게만큼 금을 받았다고 하니 고려 인삼의 인기가 어느 정도였는지 쉽게 짐작할 수 있다. 고려 인삼은 일본과 중국뿐만 아니라 베트남에서도 인기가 좋아 황제가 정력제로 애용했다고 전해진다.

상업용 인삼은 35개국 이상에서 판매되고 있는데, 인삼의 세계 시장 규모는 2013년 기준으로 20억 달러2조 2천억 원를 돌파했으며 전 세계 매출의 절반이 우리나라 생산품이다. 그리고 이 커다란 시장에서 인삼 소비국가 1등은 역시 세계 소비의 큰손인 중국이다. 한국뿐만 아니라 한국과 비슷한 위도에 위치한 중국과 캐나다, 미국의 일부 지방에서도 인삼 재배가 이루어지고 있다.

인삼은 약초 성분의 주요 항산화 활성 성분인 진세노사이드 ginsenosides라는 독특한 식물성 사포닌을 함유하고 있는데, 미국산 인삼은 진세노사이드 성분이 13가지밖에 함유되어 있지 않은 반면, 한국의 고려 인삼은 미국의 인삼보다 3배 가까이 많은 36종의 진세노사이드를 함유하고 있어 한국 인삼의 품질이 세계 제일임을 증명하고 있다.

맛있게 끓여진 삼계탕에 지난번에 사다 놓은 인삼주를 꺼내 반주로 곁들인다. 잘 익은 섞박지가 있으면 금상첨화겠지만, 아쉬운 대로 전에 담근 맛김치와 낙지젓을 반찬으로 준비한다. 삼계탕을 아내와 한 그릇씩 나누고, 양파를 조금 올린다. 인삼주 한잔 따라 삼계탕과 함께 먹으니 만찬이 부럽지 않다. 가슴살 아래 찹쌀을 한 숟가락 퍼내어 먹어본다. 쌉싸름한 삼 냄새와 진하게 우려진 뜨끈한 닭 육수 맛이 마음속까지 깊숙이 스며든다.

'이래서 복날은 냉면보다는 삼계탕인가 보다.'

세계인의
입맛을 사로잡은
불고기

일요일 아침, 늦잠을 자고 느긋하게 일어나 아침상을 준비하는 것은 일주일 중 내가 가장 좋아하는 순간이다. 아침 식사 메뉴는 한우 불고기와 명란젓으로 생일상만큼 풍성하게 차려본다. 종교도 없고, 아이도 없는 우리 부부에게는 여유롭게 TV를 보며 아침을 먹는 것이야말로 둘만의 '소확행'이다.

불고기는 많은 이들이 좋아하는 반찬으로 돼지, 닭, 염소 등 여러 가지 고기를 사용해 만들 수 있으며, 간장, 고추장, 소금 등 각양각색의 양념을 사용하는 다양한 레시피가 존재한다. '석쇠에 조리<sup>언양식 불고기</sup>하는가?' 혹은 '전골 팬에 조리<sup>서울식 불고기</sup>하는가?'처럼 불고기를 굽는 팬의 차이와 국물의 양의 정도, 당도에 대한 기호도가 약간씩 다를 뿐 한국인이라면 대다수가 좋아하는 음식일 것이다. 나 역시 불고기는 조리방식에 관계없이 애정하는 밥도둑 메뉴 중 하나이다.

음식에 대한 첫 경험을 잘 기억하는 내가 맛본 최초의 불고기는 '불고기 육회'였다. 홍성 우시장에 장이 선 날 아버지께서 사 오신 쇠고기로 어머니께서 불고기 양념을 하는데, 곁에서 지켜보던 외삼촌이 "육회로도 맛있겠다!"고 하자 아버지도 한마디 거든다. "바로 잡아 왔지. 고기가 좋아!"

소주 한 병이 나오고, 불고기 양념으로 무친 육회 파티가 시작된다. 어릴 적 옆에 있던 나도 불고기 육회를 맛보았다. 불고기라는 음식이 내게 처음 기억되는 순간이었다. 달짝지근한 불고기에 밥을 비벼 먹는 것도 좋았지만, 해 질 녘 오후 아버지와 외삼촌이 함께했기에 그 시간이 더 강렬하게 기억에 남아 있는 것 같다.

 **맥적과 너비아니**

지금도 그렇지만 옛날에도 소고기는 가장 귀한 고기로 명절과 생일에나 먹을 수 있는 귀한 음식이었다. 통일신라 시대부터 고려 시대까지는 불교의 영향으로 인해 고기를 선호하지 않았지만, 최남

선의 저서 《고사통故事通》에 의하면 고구려 시대에는 불고기의 원류라고 할 수 있는 '맥적'을 먹었음을 알 수 있다.

맥적은 유목민들의 음식문화를 대변하는 꼬치구이 형식의 요리로 오늘날의 불고기와는 많은 차이가 있다. 오히려 중앙아시아의 이슬람 문화에서 유래된 러시아 음식인 '샤슬릭'과 더 닮아 있다. 석쇠가 등장한 이후로 꼬치에 꿰지 않고 석쇠에 올려 구워 먹는 경우가 많아졌지만 아직도 이처럼 꼬치구이 형태의 산적으로 먹기도 한다.

'맥적'은 통일신라 시대와 고려 시대를 거쳐 근 1천 년의 시간을 잠들어 있다가 조선 시대에 '설야멱'이라는 이름으로 되살아났다. '설야멱'은 다시 '너비아니'라는 왕실 음식으로 변천하여 오늘날의 불고기로 이어지게 된다. 조선 후기까지의 기록을 살펴보면 고기를 구울 때는 대부분 대나무 꼬챙이에 재료를 끼워 넣은 '산적散炙' 형태로 구워 먹었다 한다. 요즘에는 육가공 기계로 쇠고기를 얼마든지 얇게 썰 수 있지만, 육가공 기계가 없던 조선 시대에는 칼로 쇠고기를 최대한 얇게 썰어 칼등으로 다지는 너비아니 형태의 불고기가 최선의 방법이었다고 생각된다.

 **불고기의 대중화**

1970년대 축산업의 산업화와 함께 대관령에 대규모 목장이 등장하면서 한우는 고급육의 대중적 지위를 획득하였고, 불고기는 명절과 축일에 먹는 대한민국을 대표하는 메인 메뉴로 등극했다. 대한민국은 후진국 육류 유통에서 벗어나 냉장 화물차를 이용해 냉장·냉동 상태로 유통하는 선진 시스템을 갖추게 된다. 육가공 기계의 발전에 따라 불고기는 종잇장처럼 얇게 썬 소고기를 재워 볶아 먹는 서울식 불고기와 전통 그대로 두툼하게 양념된 불고기를 구워 먹는 '너비아니' 형태로 나뉜다. 한 예로 서울 불고기 식당으로 유명한 한일관은 개점 초기 두툼한 너비아니 형태의 불고기를 판매하였으나 나중에는 얇은 쇠고기 무침에 국물이 많은 불고기를 판매하였다.

이 시기에 '칭기즈칸'으로 불리는 일본 홋카이도 지역의 무쇠 불판을 도입하여 우리나라 방식의 불고기 전골팬을 생산하게 된다. 새로 도입된 불고기 팬은 불고기 식당의 문화도 바꾸어 놓는다. '미트 슬라이서Meat Slicer'가 보급됨에 따라 얇고 부드러운 불고기감을 공급할 수 있게 된 것과 거기에 맞는 새로운 칭기즈칸 전골팬이 도입된 것, 이 둘이 만나 서울 불고기가 탄생하게 된 것이다. 그리고 이 서울 불고기는 곧 대한민국의 불고기를 대표하게 된다. 돼지불고기 또한 각 정육점에 미트 슬라이서가 도입되기 시작하면서 얇게 썰린 저렴한 가격의 돼지 앞다리살과 뒷다리살이 우리나라 서민들의 식탁과 도시락 반찬을 책임지기 시작한다.

1980년대에 수입 소고기가 들어오면서 불고기가 일반 가정식과 외식 메뉴로 일상화되었다. 지금은 미슐랭 가이드에도 오르는 고급 식당이 된 역전회관과 우래옥도 이때부터 대형화되고 미디어에 회자되면서 서울 사람들뿐만 아니라 전국구 유명식당으로 거듭난 것이다. 맛있는 기사식당에 반드시 들어가는 불고기 비빔밥도 여전히 인기 메뉴로 자리 잡고 있다. 불고기는 보통 2인분 이상만 판매를 하였는데 2000년대에 들어서면서 1인 메뉴인 뚝배기 불고기가 등장해 혼자서도 즐길 수 있게 되었다.

이와 같은 인기에 힘입어 지금도 불고기 버거, 불고기 피자, 불고기 김밥 등 불고기를 사용한 획기적인 아이디어의 신메뉴 개발이 계속되고 있다.

##  일본의 '야키니쿠'와 '멘타이코'

불고기는 비빔밥과 함께 한식을 세계화하는 첨병이며, 외국인들이 가장 좋아하는 한식으로도 꼽는다. 한국의 간판 메뉴라고 할 수 있는 불고기를 통해 우리나라의 '식문화'가 자연스럽게 일본으로 수출되고 있다.

일본을 이해하고자 할 때 '이이도코토리良いとこ取り, 좋은 것은 기꺼

이 취한다'라는 말이 반드시 회자되는데, "스스로 만든 틀에 얽매이지 말고 자신에게 이로운 것은 자유롭게 받아들여라"라는 쇼토쿠 태자의 철학에서 전승된 것이다. 일본 음식을 이야기할 때면 초밥과 사시미 같은 일본 고유의 음식을 이야기하기도 하지만 돈카츠와 카레 또한 많이 이야기하는데 이것들이 바로 이이도코토리의 대표 음식이라 할 수 있다. 일본인들이 사랑하는 야키니쿠燒肉, 불고기와 멘타이코明太子, 명란젓는 모두 한국에서 전래된 음식이다. 일본인들도 이 두 가지 음식이 한국에서 전해진 음식임을 인정하고 있다.

야키니쿠는 우리나라의 불고기가 일본으로 건너가 변형된 것으로 일본에서는 고기구이는 모두 야키니쿠라고 말한다. 멘타이코는 오사카 지역의 우리 교민들이 제조하여 일본에 소개하면서 널리 퍼지게 된 한식이다. 이처럼 우리나라의 식문화는 일본의 음식 문화와 많은 영향을 주고받고 있다.

# Menu

'이국적'인 맛, 타이 요리

스페인의 낮잠문화와 타파스

이베리코 하몽과 동물 복지

가축화의 선물, 비프스테이크

자본주의의 맛, 햄버거

마르게리타 피자부터 시카고 피자까지

# 이 나라에선
# 무엇을
# 먹을까?

'이국적'인 맛,
타이 요리

언젠가부터 생일에는 항상 장수의 상징인 국수를 챙겨 먹었다. 생일상에 미역국이 있어야 하지만, 간단하게 만들 수 있으면서도 맛이 좋은 볶음국수의 최강자 '팟타이phad thai'를 만들어 미역국을 대신한다.

단순하게 볶음국수용 넓은 쌀국수 면을 물에 불리고 냉장고에 있는 새우와 숙주나물, 갖은 채소를 썰어 달걀과 피시소스 그리고 굴소스를 넣고 함께 볶으면 '맛없는' 쌀국수 볶음이 된다. 팟타이를 잘 만들기 위해서는 다음과 같은 과정을 거쳐야 한다.

1. 달걀을 소금 후추로만 간을 맞추고 볶아서 접시에 담는다.

2. 물이 많이 생기는 갖은 채소를 소금, 후추만 넣고 볶아서 접시에 따로 접시에 담는다.

3. 새우 역시 살짝 볶아서<sub>새우는 많이 익으면 딱딱하고 마른 식감이 난다</sub> 접시에 담는다.

4. 마지막으로 물에 불린 쌀국수 면과 숙주를 피시소스와 굴소스 설탕을 넣어 잘 볶은 후, 준비해둔 앞의 재료들을 넣고 골고루 잘 섞어서 마무리한다.


중국식 볶음용 냄비인 웍<sub>wok, 중식용 둥근 프라이팬</sub>이 있다면 강한 화력으로 한꺼번에 볶을 수 있지만 일반 가정에는 웍이 없는 경우가 많으므로 재료별로 따로따로 조리하는 것이 좋다. 새우와 채소, 달걀을 볶을 때는 소금 후추로만 볶고, 쌀국수 면을 볶을 때는 피시소스와 굴소스와 설탕을 넣어 깔끔하게 볶는다. 이렇게 따로따로 조리하여 볶아놓은 재료를 잡채 요리하듯 섞어주면 맛있는 팟타이가 완성된다. 양이 많은 볶음 요리를 할 때는 위의 방법으로 하는 것이 좋다<sub>팟타이에 타마린이라는 신맛이 강한 향신료를 넣으면 이국적인 향긋한 산도를 가진 팟타이를 맛볼 수 있다</sub>.

# 한국인의 입맛을 사로잡은 타이 푸드

우리나라에서도 '팟타이'와 '양꿍' 등 태국 음식이 조금씩 인기를 끌고 있어 요리 이름이 귀에 익숙해지기 시작했지만 아직도 널리 알려지지는 않은 듯하다. 하지만 타이 요리의 세계적 위상은 생각보다 높다. 세계 어디를 가도 한식당이나 일식집보다 태국 식당들이 훨씬 더 많이 퍼져 있는 것을 보면 태국 음식에 대한 세계인의 사랑을 엿볼 수 있다.

태국 방콕에 위치한 레스토랑 남Nahm은 2018년 '월드 베스트 레스토랑'의 아시아 지역 10위에 오르기도 한다. 태국 요리는 부담스럽지 않은 가격과 양이 푸짐한 것도 장점이지만, 다양한 식재료와 향신료를 바탕으로 한 동서양을 어우르는 이국적인 맛이야말로 세계인들의 사랑을 받는 이유가 아닐까 한다.

우리나라처럼 국토의 삼면이 바다이기에 다양한 해산물 요리가 존재하는 태국은 인도차이나 중앙의 넓은 평야 지대에서 나오는 쌀이 일품이며, 인도의 영향을 받아 다양한 커리를 만들어내기도 했다. 동아시아와 인도 중간에 위치해 있어 동아시아 지역에서는 볼 수 없는 레몬그라스와 타이 바질과 같은 이국적인 향신료를 사용한 독특한 요리들이 만들어진다. 외식업계에 '이국적 음식exotic food'이라는 용어가 탄생하게 된 것도 태국 음식 때문이다.

요즘은 우리나라의 핫 플레이스에 꼭 한두 곳은 태국 요리 전문점이 생길 정도로 태국 요리의 선호도가 높아졌다. 태국은 내게 어릴 적 인상 깊게 본 영화인 율 브리너와 데보라 카 주연의 〈왕과 나〉라는 영화를 통해 익숙해진 나라이다. 하지만 〈왕과 나〉에 왕실을 모독하는 내용이 있다고 상영을 금지하고 있기 때문에 정작 태국에서는 〈왕과 나〉의 영화나 뮤지컬을 볼 수 없다고 한다.

##  타이 요리의 역사

태국은 인도차이나반도의 정중앙에 위치한 불교국가로 서구 열강의 시대에도 영국과 프랑스의 역학 구도를 이용한 뛰어난 외교를 펼쳐 식민지화되지 않고 자주를 지켜낸 나라이며, 동남아시아 최대의 관광 국가이기도 하다. 또한 영화 〈옹박〉의 주인공이 사용하는 타이의 전통무술인 무에타이muaythai로도 유명하다.

우리나라나 중국과는 달리 아시아에서 대만과 함께 친일 감정을 가진 국가로 알려져 있다. 일례로 태국에는 일식당이 많아 우리나라에서 중국음식점을 가듯이 일식당에 자주 갈 만큼 전통적으로 일본 문화의 인기가 높은 나라이다. 최근에는 K-팝 등의 한류가 인기를 끌고 있어 한국에 대한 관심도 아주 높아졌다고 한다.

동아시아와 마찬가지로 젓가락을 사용할 것 같은 음식문화를 가졌지만, 바닥에 음식을 펼쳐놓고 손으로 먹는 전통을 가지고 있다. 겉으로 보이는 음식문화와 달리 젓가락보다는 포크로 밥을 먹는 것이 더 익숙한 나라이다. 축구를 좋아하기 때문에 영국 프리미어 리그가 유명하고, 대학생까지 교복을 입는 문화가 있어 화제가 되기도 했다. 또 태국의 경우 군인에 대한 대우가 매우 좋아 입대 대상자들이 추첨을 하여 입영이 결정될 정도로 군대에 가고 싶어 하는 남성들이 많다고 한다.

잘 알려져 있듯 태국의 전 국민 중 95%가 불교 신자이며, 불교는 태국의 신앙이자 정신이기도 하다. 우리나라와 중국, 일본, 대만의 불교는 중생을 구제하는 것을 목표로 하는 대승불교인 반면 태국과 동남아시아의 불교는 본인이 참선을 통하여 아라한의 경지에 오르는 것을 목표로 하는 불교 원리주의인 소승<sup>상좌부</sup>불교에 속하는 남방불교 국가이다. 남방불교는 승려가 시주와 탁발로 식사를 하는 문화로 시주를 받은 음식으로 끼니를 해결하고 나머지 시간은 정진을 위한 시간으로 사용한다. 이때 탁발 음식은 육식과 채식을 구분하지 않는다.

태국에서는 승려와 불교 신자가 육식을 하는 것이 금기가 아니기 때문에 다양한 육류와 해산물을 사용한 요리들이 발전했다. 대승불교, 소승불교 그리고 3대 불교 종파에 속하는 티베트 불교 역시 척박한 고원 지역에서 채식주의자로 살아가는 것은 너무나 힘들기 때문에 육식을 허용한다고 한다.

##  타이 레스토랑 엿보기

태국 음식점에서 들어서면 다소 생소한 이름들의 메뉴로 인해 당황스러울 수도 있지만 몇 가지 키워드만 기억하면 메뉴를 주문하는 것이 어렵지 않다.

메뉴 이름 처음에 들어가는 글자는 요리의 종류를 뜻한다. 첫 글자에 팟pad이 들어 있으면 볶음 요리다. 똠tom이 들어가면 수프 요리이고, 갱keng이 들어가면 커리 요리, 얌yam이 샐러드다. 그리고 다음으로 재료 이름이 나온다. 카오kao는 밥, 버미vemi는 국수, 꿍kung은 새우, 무mu는 돼지고기, 까이kai는 닭고기다.

우리나라에서 특히 인기 있는 태국 요리 세 가지를 꼽으면 팟타이pad thai와 똠얌꿍tom yam kung, 팟카파오무쌉pad krapao mu sap을 꼽을 수 있다. 팟타이는 똠얌꿍과 함께 태국을 대표하는 음식으로 태국 길거리 음식의 대명사이기도 하다. 2011년 미국의 CNN이 발표한 '세계에서 가장 맛있는 음식 50가지'에서 5위를 차지하기도 했다.

똠얌꿍 역시 태국의 대표적인 음식으로 새우와 남플라 소스, 타이 허브로 맛을 내며, 타이풍의 향신료와 신맛을 기본으로 매운맛과 함께 새우의 감칠맛까지 더해 태국다운 맛을 극대화한 수프이다. 가장 맛있는 음식 50가지에서 4위에 오르기도 했다. 블랙타이거 black tiger라는 새우 품종을 수출하여 세계 양식 새우 수출량 1위에 오른 나라인 만큼 새우 요리인 똠얌꿍이 유명한 것은 당연한 일일 지도 모른다.

팟카파오무쌉은 간단하게 말하면 돼지고기볶음 덮밥으로 저민 돼지고기와 함께 바질과 매운 고추를 넣어 볶아 만든다. 태국 현지 인들에게는 똠얌꿍과 팟타이보다 팟카파오무쌉이 더 인기가 있다 고 한다. 팟타이는 태국의 전통요리가 아닌 2차 세계대전 후 쌀국수 소비 촉진을 위해 개발된 메뉴라고 하니, 세계적으로 유명한 요리 들의 전통은 근대에 들어서 그 나라의 경제 상황과 식품과학 기술 의 산업 환경 변이에 따라 식문화가 발전하는 듯하다.

스페인의
낮잠문화와
타파스

한동안 안 먹으면 꼭 생각나는 음식들이 있다. 삼겹살이나 치킨은 물론이고 탕수육과 짜장면, 명절에 꼭 먹어야 하는 떡국이나 만두, 복날에 빠지면 아쉬운 삼계탕, 또 매운맛이 당길 때는 육개장, 비 오면 생각나는 파전과 막걸리 같은 것들이다. 그리고 피자와 파스타, 두툼한 스테이크나 햄버거 같은 서양요리들도 **빼놓**을 수 없다. 거기에 더해 나의 먹방 리스트에는 '감바스 알 아히요gambas al ajillo'라는 요리가 추가된다. 스페인식 새우 요리인 감바스 알 아히요는 새우 마늘이라는 뜻으로, 새우와 마늘을 다량의 올리브 오일로 튀기듯이 요리한다. '새우와 마늘 향이 가득 밴 홍건한 올리브 오일'

에 바게트를 찍어 먹는 재미가 가득한 스페인의 '타파스' 중 하나로 인기가 높다.

##  이베리아반도의 주인, 스페인

이베리아반도에 위치한 스페인은 유럽의 농산물 국가라는 이미지 때문에 평야가 많을 듯하지만 국토의 90%가 산악지대이다. 스페인 남부와 북부 해안가만 평야 지대이기 때문에 대부분의 농산물과 와인이 남·북부의 해안가 지역에서 생산된다. 스페인과 프랑스 사이에 있는 피레네산맥을 기점으로 스페인<sup>이베리아반도</sup>과 프랑스<sup>갈리아</sup> <sup>지방</sup>가 구분된다.

스페인은 내부에 수많은 산맥이 있어 통일 전 중소 국가들로 나뉘었던 지역들의 교류가 원활하지 못했다. 그로 인해 공식 공용어인 스페인어를 비롯해 카탈루냐어, 바스크어 등 언어가 제각각이다 보니 하나로 화합하지 못하여 현재에 이르기까지 바스크 지역과 카탈루냐 지역<sup>바르셀로나가 있는 지역</sup>이 스페인으로부터 독립을 원하는 시위가 끊이지 않고 있다. 그래서 레알 마드리드와 FC 바르셀로나의 경기는 스페인 국내 클럽 간의 경기임에도 불구하고 국제 경기를 보는 듯한 후끈한 응원과 열기를 느낄 수 있다.

스페인은 유럽의 복잡한 역사로 인하여 나라의 주인이 자주 바꿰었다. 로마의 지배를 거쳐 게르만족의 대이동 때에는 고트족<sup>Goths</sup>이 이베리아반도를 차지했으며, 이후 이슬람 문화권인 북아프리카의 모르족<sup>Maure</sup>에게 점령당하기도 했다. '알함브라 궁전<sup>이슬람 사라센 양식의 궁전</sup>'이 그라나다 지역의 가장 인기 있는 관광지일 정도로 아랍의 문화에 익숙한 나라이며, 십자군 전쟁 이전까지 국토의 대부분이 타 민족의 식민지였던 아픈 역사를 가지고 있어서인지 이베리아반도의 음악이나 열정 가득한 스페인의 '플라멩코<sup>flamenco</sup>', 포르투갈의 '파두<sup>fado</sup>'를 듣다 보면 그 안에서 우리에게 익숙한 정서인 '한<sup>恨</sup>'이 느껴지기도 한다.

스페인은 프랑스, 이탈리아와 함께 유럽 음식문화를 이야기할 때 빼놓을 수 없는 나라이다. 아랍으로부터 쌀이 유입되어 만들어진 스페인의 가장 인기 있는 음식인 '파에야', 맥주와 찰떡궁합인 '타파스', 세계 최고 수준의 돼지로 만든 '이베리코 하몽', 여름을 시원하게 만들어주는 '샹그리아', 그리고 먹기 좋은 디저트 '추로스'까지…. 요즘 우리나라에도 새로 생기는 핫 플레이스에는 빠지지 않고 스페인 식당이나 추로스 매장이 들어서고 있다. 여러 이민족의 점령지였던 스페인은 그만큼 다양한 문화가 섞인 식문화의 용광로 같은 나라이다.

생산량이 많은 고품질의 스페인 '와인'은 유럽에서도 유명하지만 수출할 겨를도 없이 스페인 본토에서 대부분 소비되어 수출할 물량이 없을 정도로 자국 내 소비량이 많다고 한다. 이러한 점을 보면 스페인 사람들의 와인 사랑을 짐작할 수 있다. 스페인은 대항해 시대 때 남미로부터 토마토와 감자, 코코아, 설탕 등을 들여와 유럽에 소개함으로써 전 세계의 음식문화 발전에 기여하기도 했다.

##  낮잠 자는 시간, 시에스타<sup>siesta</sup>와 타파스

시에스타는 정오에 낮잠을 자는 스페인의 풍습이다. 시에스타는 스페인뿐만 아니라 농경이 일상인 더운 나라의 풍습으로, 이탈리아, 그리스 등의 지중해 연안 국가와 라틴아메리카에서 쉽게 접할 수 있다. 스페인의 영향으로 남미에도 시에스타가 존재하는데, 아시아에서는 대만과 베트남, 필리핀까지 시에스타의 명맥이 이어져 오고 있다. 우리나라의 군인들도 7~8월 혹서기에는 일사병을 예방하기 위하여 시에스타와 비슷하게 '오침'을 즐기기도 한다.

시에스타로 인해 오후의 시작이 늦고 밤늦게 저녁 식사를 하는 관계로 스페인에서는 이른 저녁에 타파스를 먹는 문화가 발전했다. 타파스는 퇴근 후, 저녁 식사 전의 전채로 먹는 음식이었지만 현대 이르러서는 여러 가지 타파스와 샹그리아가 생기면서 저녁 대신으로 먹기도 한다. 이제는 스페인의 흔한 저녁 식사 메뉴가 되었다.

스페인의 간식인 타파스와 핀초pincho는 스페인 사람들의 일상을 보여주는 단적인 문화이다. 타파스의 어원은 tapar덮다라는 동사로, 고온 건조한 스페인 남부에서 맥주나 와인을 마실 때 파리나 벌레가 술잔에 꼬이는 걸 방지하기 위해 빵조각으로 술잔을 덮었다는 데서 유래가 되었다고 한다. 빵보다는 술이 중요했나 보다 타파스와 비슷한 형식의 음식인 핀초는 스페인 북부 바스크 지역에서 빵 위의 토핑 재료들이 분리되는 것을 방지하기 위해 꼬치를 꽂았다는 데서 유래했다. 이렇게 말하면 타파스는 스페인 남부 요리로, 핀초는 스페인 북부의 요리처럼 보이지만 현재에는 스페인 전역에서 타파스와 핀초를 같은 뜻으로 혼용하고 있다.

스페인을 여행할 때 바르셀로나의 지인들과 매일 저녁 람블라 거리에 있는 타파스 바bar에서 웃고 떠들며 저녁 식사로 여러 가지 타파스와 샹그리아를 먹었던 기억이 있다. 우리나라에서 치킨집을 어디서나 찾을 수 있듯이 타파스 바는 스페인 어디서든 찾을 수 있다. 그만큼 흔하기도 하고 소비가 많다는 뜻이기도 하다. 여러 가지 타파스 중 하나씩 먹고 싶은 걸 골라 담을 때는 뷔페와 회전 초밥집의 중간 정도라는 느낌이 든다.

식사 가격이 비싼 서유럽이지만 타파스의 가격은 1~2유로 정도로 저렴한 편이라서 마음껏 먹어도 15유로 이상 나오지 않는다밥

값보다 오히려 샹그리아나 맥주 등의 술값이 더 나을 때도 있다. 내가 갔던 곳은 바르셀로나의 최고 관광 명소인 람블라 거리 근처의 타파스 바라서 현지인들보다 여행객들이 많았지만, 스페인 사람들의 일상을 느끼기에는 충분했다.

개인적으로 여행을 할 때 여러 곳을 많이 다니는 것보다, 한 도시에서 적어도 일주일은 머무르면서 그 도시만의 정취를 느끼며 여유를 즐기는 여행을 좋아한다. 여행이란 충전을 하러 가는 것이란 생각 때문인지 일정에 빡빡하게 쫓기거나, 패키지여행처럼 조직적?으로 움직이는 것은 피하려고 하는 편이다. 이국적인 도시를 밤늦게까지 즐기고, 느지막이 일어나 현지에서 아침 겸 점심을 먹고, 너무 멀지 않은 곳을 다니면서 좋은 장소나 식당을 한 번 더 방문할 수 있는 여유 있는 여행을 나는 더 선호한다. 스페인은 여유와 낭만을 즐길 수 있는 곳 중 하나라서 기회가 된다면 몇 개월은 살아보고 싶은 곳이다.

이베리코
하몽과
동물 복지

한여름 8월의 어느 주말 아침, 가스 불을 켜기도 힘든 더위 때문에 불 없이 차릴 수 있는 요리로 아침 식사를 차린다. 얼마 전 대형 마트에서 세일이라 구입해 두었던 하몽을 넓게 펴서 접시에 담고, 냉장실의 차가움을 안고 있는 시원한 토마토를 물에 씻어 한입에 먹기 좋게 자른다. 짭짤한 올리브도 조그마한 볼에 담는다. 샹그리아 와인이 있었다면 더 좋았겠지만 아쉬운 대로 차가운 레드와인을 꺼내 시원하게 아침을 즐길 준비를 한다.

바게트를 전자레인지에 살짝 데워 1/4쪽 남겨졌던 버터 같은 풍미를 자랑하는 브리 치즈를 바르고, 두툼한 유리잔에 레드와인을 따른다. 트레이에 차린 상을 들고 나와 제일 시원한 베란다에 자리를 잡고 보케리니 기타 협주곡 음악을 들으며 주말의 아침 식사를 시작한다.

##  하몽의 유래

하몽hamon은 스페인의 돼지 뒷다리로 만든 건조 햄을 말하는 것으로, 이탈리아의 건조 햄인 프로슈토prosciutto와 함께 유럽에서 가장 유명한 생生햄이다. 이탈리아의 대표 햄인 프로슈토가 세계적으로 위세를 떨치고 있지만, 하몽은 그보다 유명하고 등급도 엄격하게 나뉘는 고급 햄이다. 스페인 음식의 대명사로 불리기도 한다.

특히 세상에서 가장 '행복한 돼지'라고 불리는 '이베리코 돼지'는 이베리아반도인 스페인과 포르투갈에서 서식하는 전통 품종의 흑돼지를 일컫는다. 참나무의 열매인 도토리를 섭취할 수 있는 곳에 방목하는 전통적인 방식으로 사육하기 때문에 일반적인 집단 사육 방식으로 얻을 수 있는 돼지고기와는 달리 탄탄한 육질과 고른 지방 분포의 마블링을 가진 고품격 돼지고기를 생산할 수 있다.

이렇게 생산된 돼지고기를 이베리코 포크iberico pork라 칭하며, 이 돼지고기를 이용해 세계에서 가장 맛있는 하몽을 생산한다. 하몽은 사육 방법에 따라 다음과 같이 분류된다.

## 1. 하몽 이베리코 데 베요타 jamón ibérico de bellota

도토리를 의미하는 스페인어 '베요타 bellota'가 이름에 붙는 '하몽 이베리코 데 베요타'는 자연 방목된 상태로 도토리를 3개월 이상 먹이면서 17개월 이상 키운 이베리코 흑돼지의 뒷다리로 만든 하몽이다. 그래서 '하몽 이베리코 데 베요타'는 세계 최고의 햄이라 불린다. 스페인에서 만드는 하몽 중 겨우 3%밖에 되지 않는 최고급 생햄으로 그램당 가격을 환산하면 세상에서 가장 비싼 육류에 해당한다. 슬라이스로 썬 하몽 이베리코 데 베요타가 우리나라에서 50g에 2만 5천원 정도의 가격으로 판매되고 있다 2018년 기준. 국내산 삼겹살이 100g에 1,800원가량인 것에 비하여 약 30배나 비싼 가격을 자랑한다.

## 2. 하몽 이베리코 세보 데 캄포 jamón ibérico cebo de campo

다음 등급인 '하몽 이베리코 세보 데 캄포'는 오전에는 사료를 먹이고 오후에는 방목하며, 도토리를 2개월 이상 먹여 12개월 이상 키운 흑돼지로 만든 하몽을 칭한다.

## 3. 하몽 이베리코 데 세보 jamón ibérico de cebo

'하몽 이베리코 데 세보'는 돼지를 방목하지 않고 축사에서 곡물을 먹여 키운 흑돼지로 만든 하몽을 일컫는다.

## 4. 하몽 세라노 jamón serrano

'하몽 세라노'는 우리가 일반적으로 주위에서 볼 수 있는 백돼지로 만들어지는 모든 하몽을 뜻한다. 'Serrano'는 스페인의 시에라산맥을 칭하는 말이다.

하몽은 발굽을 자르고 소금에 저장하는 프로슈토와 달리 발굽을 자르지 않고 저장하는 것이 특징인데, 발굽이 검은 이베리코 흑돼지의 순수한 혈통을 증명하기 위한 것이다.

이베리코 흑돼지처럼 행복한 환경에서 자라는 가축도 있지만, 식용 가축을 키우는 대부분의 환경은 집약적 축산 intensive animal farming 방식으로 운용되고 있기 때문에 동물의 권리나 복지는 전혀 이루어지지 않고 있다고 볼 수 있다. 공장형 축산 factory farming 으로도 불리는 집약적 축산은 동물 복지를 고려하지 않고 효율성을 우선한 조밀한 환경에서 가축을 사육하기 때문에 자연 방목에 비해 가축들의 면역력이 저하되기 쉽고 감염에 취약하게 된다.

생산 비용은 최소화하면서 생산량을 극대화하기 위한 접근 방식에 중점을 두고 있는 공장형 축산에서는 지구 온난화의 주범인 탄소의 증가와 축산 폐기물에 대한 환경오염, 무분별한 항생제 남용 등으로 인한 여러 피해가 불가피하게 발생한다.

새로운 농업 기술과 생명공학의 발달은 현대의 공장형 축산에서 동불 복지의 윤리에 대한 논쟁을 불러일으킨다. 공장형 축산과 동물 복지에 대한 이야기가 나올 때마다 제일 먼저 등장하는 '푸아그라foie gras'의 생산 과정을 살펴보면 인간의 잔인한 이면이 불거져 나온다. 푸아그라의 생산 과정은 너무나 잔인하여 비위가 약한 사람이나 임산부들은 보지 않도록 권할 정도이다.

##  푸아그라와 동물 학대

푸아그라는 일본과 한국에서 송로버섯, 캐비어와 함께 서양의 3대 진미로 널리 알려져 있다. 간이라는 뜻의 'foie'와 지방이라는 뜻의 'gras'가 합쳐진 합성어로, 거위의 간을 보다 비대하게 만들기 위해 거위에게 다량의 사료를 '강제 먹이 주입force-feeding'하여 5~10배 정도 부은 지방간을 만들어낸다.

기원전 5000년 전부터 이러한 방법으로 이집트에서 거위 간이 생산되기 시작하였고, 이 기술은 로마 시대를 거쳐 유대인에게, 그리고 프랑스의 태양왕 루이 14세에게 이어졌으며 지금까지도 푸아그라를 생산하기 위해 가바주gavage라고 불리는 강제 먹이 주입 방법이 사용되고 있다.

현재 프랑스는 푸아그라의 가장 큰 생산국이자 소비국이다. 프렌치 요리에서는 크리스마스 시즌에 레드와인과 함께 푸아그라를 전채로 즐기는데, 이것은 그들이 말하는 프랑스 3대 미식인 달팽이, 송로버섯과 함께 여전히 프렌치 레스토랑의 최고 인기 메뉴로 통한다. 잔인하고 값비싼 그리고 기름진 푸아그라에 대한 비판이 전 세계적으로 거세지자 프랑스에서는 동유럽 헝가리와 불가리아 지역에 푸아그라 생산을 의뢰하였고, 그로 인해 헝가리는 이제 세계에서 두 번째 가는 푸아그라 생산 지역이 되었다. 현재 푸아그라를 생산하는 곳은 프랑스와 캐나다의 퀘벡, 동유럽, 그리고 중국이 있다. 하지만 미국의 캘리포니아를 비롯, 영국과 독일을 포함한 북유럽과 호주에서는 가바주 방식으로 길러진 거위 간의 생산을 금지하면서 프랑스의 푸아그라 식용 문화에 관한 부정적인 반응을 보이고 있다. 프랑스와 캐나다 퀘벡 지역을 제외한 곳에서 푸아그라를 선호하는 모습을 보이는 것은 그들에게 야만적으로 보일 수 있다.

프랑스 내에서도 푸아그라의 생산과 소비는 호불호가 엇갈린다. 우리나라의 개고기 문화를 비난한 바 있던 프랑스의 여배우 브리지트 바르도는 푸아그라는 프랑스의 수치라며 비난했지만, 끝내 밍크코트와 모피에 대한 사랑을 멈추지 못하는 이중적인 행보를 보여 동물 복지 논란의 도마 위에 올랐다. 인간의 본성은 참 알다가도 모를 일이다.

가축에 대한 잔혹한 대우를 금지하는 동물 복지에 관한 최초의 법률인 마틴법이 1822년 영국에서 제정되었고, 진화론으로 유명한 찰스 다윈도 1876년 최초로 동물 실험을 규제하는 동물학대법의 제정을 주도한 바 있다. 현재 동물 복지의 선진국은 독일이며 현대적이고 구체적인 '동물보호법'이 제정된 최초의 국가이다. 1933년 11월 24일 제정된 동물보호법은 아이러니하게도 아돌프 히틀러와 나치당에 의해 이루어졌다.

독일 나치의 동물보호법Animal welfare in Nazi Germany은 동물 복지에 대한 광범위한 지원과 동물의 보호를 보장하는 법이다. 이 법은 아돌프 히틀러와 나치의 공군 총사령관이었던 헤르만 괴링, 독일 친위대장으로 아우슈비츠 유대인 학살을 주도했던 하인리히 힘러 등에 의해 만들어졌다.

히틀러는 그의 충견 블론디에 대한 애정이 대단해서 그의 연인이었던 에바 브라운보다 블론디에게 더 큰 사랑을 주었다고 전해진다. 생전에 웃는 모습을 볼 수 없던 그였지만 블론디와 함께한 사진 속에서는 히틀러의 웃는 모습을 볼 수 있었다는 점에서 그의 애견 사랑을 엿볼 수 있다. 헤르만 괴링과 하인리히 힘러는 환경주의자였다고 전해진다. 이들을 통해 동물 복지와 권리에 대한 다양하고 광범위한 지원들이 이루어졌다.

독일의 동물보호법은 총 12조의 조항으로 편성되어 있으며, 1조에는 동물 학대에 대한 조항, 2조에는 동물 유기 금지에 대한 조항이 명시되어 있어 현대의 동물보호법과 다르지 않음을 볼 수 있다.

1933년 독일 나치의 현대화된 동물보호법이 만들어지고, 뒤늦은 20세기에 일본과 프랑스에도 동물보호법이 제정되었다. 우리나라에도 1991년에 법률 제4379호로 동물보호법이 제정되었다. 동물의 학대 방지 및 동물을 적정하게 보호 관리하기 위한 법으로 일반 가축보다는 반려동물에 대한 국민적 정서가 짙게 함양되어 있다.

가축화의 선물,
비프스테이크

신혼 초 결혼기념일이 가까워지면 아내에게 어떤 선물을 사주어야 할지, 어디서 저녁을 먹어야 할지로 고민을 하던 적이 있었다. 아내의 취향도 비슷하겠거니 하고 내 눈에 좋아 보이고 실용적인 것으로 선물을 고르면 집사람은 선물 자체에만 감격하고 막상 잘 사용하지 않던 기억이 난다.

결혼기념일 저녁식사도 마찬가지로 여러 군데 식당들을 섭외하고 다양한 식사자리를 마련했지만 푸짐한 양과 맛을 우선시하는 내 취향의 식당들은 결혼기념일에 어울리지 않고, 아내 취향인 깔끔하고 정돈된 분위기의 식당들에서는 결혼기념일 정찬을 먹고 나오면 항상 허기가 조금 느껴지던 기억이 있다.

어느 해의 결혼기념일에는 서로 바쁜 탓에 식당을 물색할 겨를도 없이, 늦은 퇴근 후 바로 장을 봐 온 스테이크용 등심을 집에서 맛있게 구워 먹은 적이 있다. 그 후로는 결혼기념일 저녁식사 때면 항상 집에서 두툼한 쇠고기 스테이크를 요리해 먹었고 집에서 해먹는 스테이크는 이견 없이 자연스럽게 우리 둘 다 만족할 수 있는 결혼기념일 메뉴가 되었다.

##  가축화의 필요조건과 스테이크

'스테이크'는 동물이 가축화되어 육류의 생산량이 풍부해진 후에 발전한 요리이다. 동물의 가축화는 약 1만 5천 년 전 인간이 도태된 늑대를 길들이게 되면서 시작됐고, 사람들은 동물의 유전질을 개선하여 인류의 생활에 이용 가치가 더 높은 신종 가축을 개량하며 발전시켜 왔다.

인간이 가축화한 포유류는 단 14종으로 첫째, 개와 고양이와 같이 펫pet으로서의 기능을 하는 동물과 둘째, 말과 낙타 등 인간의 교통수단과 경작에 이용되는 동물들이 있다. 마지막으로 소, 돼지, 양처럼 식량으로 사용되는 동물 등이 있다. 그중에서 소는 고기와 우유를 제공할 뿐만 아니라 성격이 온순하고 힘이 좋아 경작에 이용되거나 인간의 친구 역할을 하기도 했다.

인간이 동물을 가축으로 삼기 위해서는 다음과 같은 조건이 충족되어야 한다.

## 1. 효율적인 사료 Efficient diet

가축화를 위해서는 대상이 되는 동물이 인간과 다른 사료를 먹어야 할 필요가 있다. 사자와 호랑이를 가축화하지 않는 이유는 그 동물들이 위험할 뿐만 아니라 고기를 생산하기 위하여 고기를 먹여야 하는 가장 비효율적인 육류 생산 구조를 가지고 있기 때문이다. 소는 사료 전환율 FCR, feed conversion ratio이 다른 동물들보다는 낮지만 인간이 먹지 않는 풀다당류인 셀룰로스가 함유되어 있음을 사료로 이용할 수 있다는 장점을 가지고 있다. 또한 반추위反芻胃라는 독특한 소화기관으로 당류셀룰로스를 소화한 다음 질소 화합물을 만들어 단백질을 생산한다. 이처럼 오직 반추위를 가진 동물들만이 풀을 먹고 고기와 우유를 생산할 수 있다.

## 2. 고속 성장률 Quick growth rate

동물을 가축화하여 고기를 얻기 위한 중요한 조건으로 동물의 빠른 성장률이 필요하며 돼지나 닭이 이에 해당된다.

### 3. 포획된 상태에서의 번식 능력Ability to breed in captivity

가축화라는 것은 야생 상태의 동물을 잡아서 길들이는 개념이 아닌, 태어날 때부터 인간에게 사육되고 번식하여 인간의 생태계에 들어온 것을 이야기한다. 이때 야생의 동물을 포획하여 길들인 상태에서 인간의 필요에 따라 번식과 교배를 통제할 수 있어야 한다. 인간이 1000년 전부터 길들여 사용해온 코끼리조차도 포획된 상태에서는 번식을 잘하지 못하기 때문에 가축화하지 못했다.

### 4. 가축의 깨끗한 성향Pleasant dispositio

인간에게 위해가 가지 않도록 인간의 터전과 가까운 곳에서 사육되는 동물의 식습관과 습성이 항상 위생적이어야 한다.

### 5. 온순한 성향Tendency not to panic

인간을 대함에 있어서 공격적이지 않아야 하고, 쉽게 공황 상태에 빠지지 않는 온순한 성향을 지닌 동물이어야 가축화하기 수월하다.

### 6. 계층적 구조Social structure

사회적 구조를 본능적으로 이해하고 집단생활에 온순하게 적응할 수 있는 동물들이어야 한다.

이 모든 조건을 만족하는 동물은 인간의 친구인 '개'이지만, 인간에게 단백질을 공급하는 측면에서 볼 때 최고의 동물은 단연코 '소'이다. 소는 고기와 우유, 치즈와 버터 등을 통해 인간에게 중요한 영양소인 단백질을 제공해주는 고마운 동물이다. 또한 온순한 성격을 가지고 있어 인간에게 위해가 되는 행동을 하지 않으며, 힘이 좋아 인간이 트랙터를 발명한 19세기 이전까지 경작에 이용되어 왔다. 소는 농업의 결과물들을 안겨주던 소중한 동물이었다. 이렇게 인간의 삶에 큰 도움이 되어 왔기 때문에 인도에서 '소'를 신으로 모시는 것인지도 모르겠다.

1940년에 발견된 라스코<sup>Lascaux</sup> 동굴 벽화는 그려진 시기가 기원전 1만 8천 년으로 추정되며 말, 소, 사슴 등이 그려져 있는데, 이것은 사냥의 성공을 기원하는 의미가 담겨 있는 것으로 보인다. 이러한 점을 봤을 때 문자가 발명되기도 전부터 인간은 소를 사냥하여 먹었음을 알 수 있다.

고대 문명의 발달과 함께 소는 사회경제적 부의 척도가 되었으며, 보다 나은 소의 품종을 얻기 위해 육종 기술을 발달시키기도 했다. 트랙터의 발명 이전까지 소는 많은 수의 인력을 대신할 수 있어 귀한 대접을 받았다. 1960년대만 하더라도 우리나라 농촌에서 소 한 마리를 하루 빌리는 값이 당시 인건비의 3배였다고 하니 소가 얼마나 귀한 대접을 받았을지 상상이 간다. 옛날에 소를 가진 가정에서는 우사牛舍를 집안 주방 옆에 만들고 사람처럼 짚으로 이불을 만들어 깔고 자게 할 정도였다. 학교를 다녀온 아이가 소에게 먹일 풀을 베러 갔다 오고, 어머니가 그 풀로 죽을 끓여 소에게 먹이는 모습은 그 시절 농촌에서는 흔히 볼 수 있는 일상이었다. 하지만 트랙터의 발명 이후 소의 역할이 노동력 제공보다는 주로 고기 생산으로 돌아서기 시작했다.

##  멕시코 국경전쟁으로 인한 소고기 시장의 변화

1846년 세계 육우 소비에 커다란 변화를 일으키는 역사적 사건이 벌어진다. 미국과 멕시코에서 국경을 둘러싼 전쟁이 일어난 것이다. 이 전쟁에서 미국은 멕시코에게 승리하여 '애리조나주부터 텍사스주'까지의 방대한 지역을 자국의 영토로 편입하게 된다.

미국은 초원으로 뒤덮인 소들의 천국인 아메리카 남서부에서 인디언들을 몰아낸 후 그 자리에 카우보이들을 등장시켰다. 멕시코 국경전쟁 이전까지 미국 사람들은 돼지고기를 선호했지만 전쟁 이후 애리조나와 텍사스에서 생산되는 소고기가 미국인들의 식탁에 오르면서 돼지고기보다 소고기를 선호하게 되었다.

소고기가 미국인이 가장 선호하는 단백질 공급원으로 성장하

면서, 전 세계 식품 산업군의 가장 큰 시장이 되는 '소고기 시장<sup>beef</sup>

market'이 탄생한다. 시카고는 미국의 식품시장으로 곡류와 육류의

유통창고 역할을 하는 도시였는데, 육가공 산업이 성장하자 일약 대

도시로 성장할 수 있는 토대를 마련하게 되었다. 육류를 가공할 수

있는 대규모 노동력이 시카고로 집결하자 건축과 상점이 생겨났고

도로와 전력 등도 정비되었다. 일리노이주 시카고의 '소고기 시장'

은 소를 바탕으로 한 사료 시장과 우유와 유제품 가공 공장, 버터와

치즈 시장 그리고 소가죽까지 다루는 거대한 다국적 기업으로 발전

하였다. 이렇게 자본과 인구가 모이기 시작하자 시카고는 20세기

이전까지 미국에서 뉴욕 다음으로 큰 도시로 성장한다.

경제협력개발기구<sup>OECD</sup>의 자료에 따르면 전 세계 육류 소비량

중 소고기는 25%로<sup>돼지고기 38%, 닭고기 30%</sup> 3위이지만, 총생산 '가격'

으로는 가장 큰 시장을 차지하고 있다. 새로운 시장에서 산업화된

소고기는 미국인들이 가장 사랑하는 음식인 스테이크로 거듭나고,

'스테이크하우스' 프랜차이즈를 통해 전 세계인들의 입맛을 사로잡

기에 이른다.

일반적으로 동물은 다리와 목의 근육이 가장 많은 일을 하는 만

큼 매우 질긴 부위이다. 발굽과 거리가 멀어질수록 고기가 더 부드

러워지기 때문에 목과 다리로부터 꽤 떨어진 등 부분이 가장 맛있

는 부분으로 알려져 있다. 우리가 흔히 이야기하는 등심과 안심 부위이다. 영어명으로는 로인<sup>loin</sup>이며, 서로인<sup>sirloin, 등심</sup>과 텐더로인 tenderloin, 안심이라고 한다. 스테이크용으로 정평이 나 있는 부위로, 가격도 가장 비싸다.

그중에서도 서로인은 1617년 영국의 제임스 1세 국왕이 등심으로 만든 스테이크를 먹고는 그 맛에 감탄해 등심에 귀족 작위를 내려 '등심의 귀족'이란 뜻의 '서로인 스테이크<sup>sirloin steak</sup>'라고 이름이 붙여졌다는 일화가 있을 정도로 맛있는 부위이다. 사실 이보다 더 귀한 부위는 텐더로인으로 소고기 한 마리의 식용 부위 중 2~3%만이 나올 정도로 매우 귀하다. 특히 이름 그대로 부드러운<sup>tender</sup> 육질이 일품이다. 그중에서도 안심의 아래 부위인 필레미뇽<sup>filet mignon</sup>은 소 한 마리당 스테이크용으로 네 쪽 정도밖에 나오지 않는 희소가치가 높은 부위인 만큼 맛이 좋고 가격이 비싸다. 등심과 안심을 합친 '티본스테이크<sup>T-bone steak</sup>'는 T자 모양의 뼈를 중심으로 하여 큰 고기인 등심과 작은 고기인 안심이 같이 붙어 있어 두 가지 스테이크 부위를 동시에 먹을 수 있다는 장점이 있다.

세계에서 가장 비싼 쇠고기는 '드라이 에이지드 비프<sup>dry aged</sup> beef'로 냉장고에서 6주간 쇠고기를 말려서 숙성시킨 소고기를 말한다. 6주 동안 단백질이 아미노산으로 분해되고, 글리코겐이 포도당으로 분해되기 때문에 고기 맛의 원천인 아미노산과 포도당이 극한으로 끌어올려져 육질이 매우 부드럽고 맛이 뛰어나다.

드라이 에이징은 1~3℃ 정도의 온도와 70~85%의 습도를 유지한 상태로 원활한 통풍을 해야 하는 등 꽤나 까다로운 작업을 거쳐야 하고, 그 과정에서 소고기가 50% 정도 손실되어 크기가 매우 작아지지만 오히려 가격은 몇 배로 올라간다. 미국에서는 은행을 터는 것보다 드라이 에이징 창고를 터는 것이 더 돈을 많이 번다고 할 정도로 드라이 에이지드 비프는 값비싼 식재료이다. 은행 강도는 중형의 형벌을 받지만 일반 창고를 도둑질하는 것은 훨씬 경량의 처벌을 받으니 도둑들에게는 여러 가지로 의미 있는 농담일 듯싶다.

이렇듯 많은 사람이 소고기를 사랑하다 보니 과다한 소고기 생산방식이 많은 문제를 발생시키고 있다. 소가 내뿜는 메탄가스는 지구온난화를 재촉하며, 공장식 생산방식으로 인하여 광우병 피해를 일으키기도 하고, 덜 익은 소고기에서 검출된 무서운 식중독균인 O-157균 등이 많은 사람들의 목숨을 앗아가기도 했다. 이에 제레미 리프킨은 그의 저서 《육식의 종말<sup>Beyond Beef</sup>》에서 현대화된 소고기 산업의 해체를 주장하기도 했다.

식품기술 회사인 멤피스 미트<sup>Memphis Meats</sup>는 폐해가 심한 공장형 축산방식에서는 미래에 안정된 육우 공급이 불가능해질 수 있다고 피력하며 육류 생산을 지속하기 위한 방법의 대안으로 2016년 줄기세포로 고기를 배양하는 기술을 발표한다. 멤피스 미트는 1kg당 생산원가 5천만 원에 이르는 배양 고기로 만든 '미트볼'을 선보였다. 현재 세상에서 가장 비싼 식재료라고 하는 멸종 위기를 겪고 있는 철갑상어의 알인 벨루가 캐비어beluga caviar 중에서 가장 비싼 최상품 '블랙 골드'보다도 가격이었다.

이처럼 어마어마한 생산 비용문제를 해결하지 못한 시점에서도 이 기술은 빌 게이츠와 버진 항공사 회장인 리처드 브랜슨, 제너럴일렉트릭의 잭 웰치 등 이름만 들어도 알 만큼 유명한 투자와 경영의 귀재들에게 1,700만 달러를 투자받았고, 그 결과 2017년에는 1kg당 생산원가를 60만 원대로 줄이는 데 성공했다. 2021년에는 상용화할 계획이라고 하니 유전공학과 현대문명의 기술로 만든 인공 소고기를 먹을 날이 머지않은 듯싶다.


스테이크는 가장 만들기 쉬우면서도 어려운 요리이다. 두툼한 프라이팬을 가열하고 기름을 두른 후 '치이익~!'하고 소리가 날 정도로 팬이 뜨겁게 달궈지면 위에 고기를 얹는다. 한쪽 면을 넉넉히 익히고 윗면을 뒤집어 굽는다. 고기 윗면에 핏물이 보이면 한 번 더 뒤집어 살짝 핏물을 제거해준다. 운이 좋으면 초보자도 아주 맛있는 스테이크를 구울 수 있지만, 일관되게 맛있는 스테이크를 굽기 위해서는 많은 훈련과 노력이 필요하다. 미세한 불 조절과 조리 전 소고기의 온도, 스테이크와 함께 접시에 올려야 하는 다른 채소들의 굽기 정도 등은 물론 요리가 올라가는 접시 온도와 식사 공간의 온도까지도 신경 써야 할 것이 많기 때문이다.

자본주의의 맛,
햄버거

 **햄버거는 미국의 문화 수출품**

햄버거라는 이름의 미국 '문화'를 처음 맛본 그 순간을 잊을 수 없다. 1980년대 내가 청소년이던 시절, 교회 예배를 마치고 처음 맛본 시원한 바닐라 셰이크는 천국의 맛이었고, 쇠고기 패티와 치즈가 들어간 큼지막한 햄버거와 콜라는 달콤한 자본주의의 맛이었다. 맛도 맛이었지만, 젊은이들이 만드는 활력 넘치는 매장의 분위기가 무척이나 새로웠다. 그 시절 차를 타고 맥도날드에 가서 가족이 외식을 하는 것은 우리나라 중산층을 나타내는 대표적인 모습이었다. 맥도날드는 1988년 서울 올림픽과 함께 1호 매장이 들어왔지만 그

때 우리나라에 햄버거가 처음 들어온 시기는 아니었다. 이미 한국전쟁 때 미국의 문화가 유입되면서 미군부대를 통해 햄버거가 한국에 같이 상륙한 것이다. 하지만 맥도날드 체인점이 들어서고 나서 본격적으로 대중들에게 햄버거가 낯설지 않은 패스트푸드로 다가왔고 이렇게 코카콜라와 크리스마스처럼 그 시절 풍요로움으로 상징되던 미국식 서구문화가 우리의 모든 문화적 패러다임을 변화시켰다.

##  햄버거의 역사 맥도날드

햄버거의 역사는 곧 맥도날드의 역사라고도 할 수 있다. 맥도날드는 햄버거의 대명사로 불리며 외식 프랜차이즈의 시작이기도 하기 때문이다. 이처럼 맥도날드 이전의 햄버거는 존재하지 않았다고 해도 과언이 아니다. 햄버거는 미식美食의 변방이었던 미국에서 간고기를 구워 빵에 끼워 먹는 수많은 샌드위치의 하나에 불과했었지만 맥도날드 형제는 햄버거를 새롭게 재탄생시킨다.

18세기 중반 산업혁명이 시작되면서 과학적인 방법에 의해 생산과정을 최소 단위로 분해하여 각 동작의 형태, 순서, 소요 시간 등을 표준화하는 테일러리즘의 '시간 동작연구' 개념이 출현했다. 또한 조립라인 연속공정 기술을 이용한 표준화된 제품의 대량 생산체

제인 포디즘의 '분업화'가 출현하면서 테일러리즘과 포디즘이 외식 산업에도 영향을 미치기 시작했다.

1948년에 딕 맥도날드와 모리스 맥도날드 형제는 햄버거를 대량생산하기 위해 시간 동작연구와 분업화를 적용하여 빠른 서비스 시스템과 공장식 햄버거의 제조 방법, 셀프서비스 방식 등을 고안했고 캘리포니아 샌버너디노에서 햄버거 매장을 개점한다. 맥도날드 형제는 햄버거를 '요리'하는 주방이 아닌 '조립'하는 주방으로 변형시킨 것이다. 이것이 바로 맥도날드의 시작이었다.

##  맥도날드의 황금 아치

1950년대 중반 밀크셰이크 기계 외판원이었던 레이 크록 1902~1984은 영업차 맥도날드 햄버거가게를 방문하였고, 맥도날드 형제의 분업화된 외식 서비스 시스템에 가능성을 본 그는 이 시스템의 프랜차이즈화를 제안한다. 그는 일명 'turn-key system일괄수주계약: 맥도날드 매장을 표준화하여 교육된 매니저가 Key가 되어 열쇠만 돌리면 매장을 가동할 수 있는 상태로 인도하는 시스템'을 도입하고 지점을 미국 전역에 확산시켜 맥도날드의 설립자가 된 것이다. 레이 크록은 맥도날드를 단순히 '햄버거를 파는 매장'이 아닌 '맥도날드 지점을 파는 부동산업'의 주식회사로 탈바꿈시켰다.

이후 레이 크록은 자동차를 팔듯이 맥도날드 매장을 판매하기 시작했다. 햄버거를 팔아서 남기는 이익보다 프랜차이즈로 성장하는 부동산과 기업의 가치가 높아졌고, 동시에 맥도날드 본사의 주식 가치가 동반 상승하게 된다. 맥도날드가 창업한 그해, 1956년 미국의 '연방지원 고속도로법'이 제정되었고, 6천 6백km의 고속도로가 건설되었으며 고속도로 근교 상업지구와 주택 건설 붐이 일어났다. 레이 크록은 이 사업에 편승해 헬리콥터를 타고 다니며 미국 고속도로의 인터체인지마다 맥도날드 매장을 개점했다.

새로운 인터체인지가 생기는 곳에는 마을이 형성되었고, 우리나라도 그렇지만 미국 또한 신도시에 새로운 교회가 들어서게 되었다. 많은 사람이 교회를 중심으로 모이면서 만남의 장소가 필요해졌고 그들은 자연스레 맥도날드로 모였다. 그렇게 신도시가 완성되면 교회와 맥도날드가 한 세트처럼 생겨 났다.

많은 이들이 매장 근처의 교회에서 예배를 마치고 나오면 맥도날드에 가서 햄버거를 먹으며 이야기를 나눴다. 그 시절 맥도날드의 황금 아치가 '천국의 문'으로 불릴 정도였다. 이후 맥도날드는 새로운 프랜차이즈들을 만들어내는 레이 크록 '유겐트독일 나치 소년단, 독점과 독재라는 관점에서 그렇게 불렸다' 브랜드를 탄생시킨다. 현재 우리가 아는 KFC, 피자헛, 크리스피 크림 도넛 등과 같은 외식 프랜차이즈도 맥도날드식 기법을 모방하여 설립된 기업들이다. 이러한 브랜드들이 식문화의 변방이자 외식문화의 후발주자였던 미국을 단번에 세계 최고의 외식 프랜차이즈 브랜드 수출국으로 변모시켰다.

조지 리처의 저서 《맥도날드 그리고 맥도날드화The Mcdonaldization of Society》에서 언급되는 맥도날드식 프랜차이즈화의 4대 요소효율성과 계산 가능성, 예측 가능성 그리고 통제가 1990년대 후반에 우리나라에 들어온다. 우리나라에서도 맥도날드식 프랜차이즈는 외식시장의 표본으로 여겨지며 BBQ, 파리바게트를 비롯한 외식 프랜차이즈에 영향을 끼친다. 1961년 미국에서 맥도날드 햄버거 대학을 만들어 매니저를 생산했듯, 한국에서도 BBQ 치킨대학을 설립해 프랜차이즈 가맹점주들이 초기 매장 운영과 생산시스템 등을 교육받도록 하고 있다.

오늘날 정크푸드의 대명사로 지탄받는 음식인 햄버거를 세상에 출현시킨 맥도날드는 세계 비만의 적이 되었다. 당연히 맥도날드 창립자인 레이 크록은 찬사보다는 비평을 더 많이 받았다. 업적에 비하여 인기가 참 없는 그이지만 따뜻하고 맛있는 햄버거를 전 세계 어디에서도 '늘 똑같은 맛'으로 느낄 수 있게 해준 시스템을 만들었다는 점은 존경스럽다.

예전과 달리 세상에 수많은 햄버거 브랜드들이 있다. 맥도날드, 버거킹, 롯데리아, 모스버거를 비롯해 2017년 강남에 상륙하여 아직도 줄을 선다는 쉐이크쉑, 우리나라 토종 브랜드인 맘스터치까지 우리가 익히 들어봄 직한 브랜드도 많다. 햄버거는 이제 빅맥지수가 있을 정도로 보편화되었고, 세계에서 가장 많이 소비되는 외식 메뉴가 되었다.

마르게리타
피자부터
시카고 피자까지

오랜만에 아내와 외식을 나간다. 집에서 늘 먹는 김치찌개, 된장찌개, 삼겹살 같은 집밥 메뉴와 지난번에 먹고 체했던 중국음식을 제외한 다른 음식을 파는 곳을 찾다 보니 동네에서 본 적 없는 새로운 간판이 보인다. 'Chicago Pizza<sup>시카고 피자</sup>.' 일본 드라마 〈고독한 미식가〉의 주인공인 이노가시라 고로처럼 이렇게 외친다. "오호! 이거 좋다!"

피자 역시 자주 배달을 시켜 먹는 음식 중 하나여서 외식 메뉴로 선호하지는 않지만, 깊고 도톰한 도우 위에 모차렐라 치즈와 토마토소스를 듬뿍 올린 시카고 피자가 침샘을 자극한다. 동네에 새로운 가게가 들어오는 건 환영할 만한 일이라 환한 표정으로 피자 가게에 들어가 크림 생맥주 한 잔과 함께 시카고 오리지널 피자를 주문한다.

외식을 하거나 배달을 시켜서 먹는 편이 더 낫다고 생각되는 음식이 몇 가지 있는데, 첫 번째는 짜장면과 짬뽕이고, 두 번째는 프라이드치킨이며, 세 번째가 피자이다. 짜장면과 짬뽕은 중국집 맛을 따라갈 수 없고, 프라이드치킨은 튀김기름 처리가 힘든 점과 어려운 동네 상권 등을 생각하면 배달이 옳다고 생각된다. 집에서 도우를 만들기가 번거롭고 치즈를 많이 써야 하는 피자도 체인점에 서 배달을 시켜 먹거나 외식을 하는 것이 가성비 측면에서도 낫다고 여겨진다.

 **피자의 유래**

피자의 원형은 고대 로마인이 오븐에 구워 먹던 넓은 형태의 빵 인 포카치아이다. 997년에 기록된 한 문헌에 '피자'라는 단어가 쓰이고 있지만 현대 피자의 개념은 아닌 듯하다. 피자 도우 위에 토마토 소스가 토핑된 현대적인 피자의 역사는 18세기부터라고 해도 과언이 아닌데, 바로 콜럼버스가 토마토를 유럽에 소개하고 유럽인들이 토마토를 관상용 식물이 아닌 농작물 로 사용하기 시작한 시기이다. 그 이전에는 성경에서 표현되는 '선악과'가 토마토를 지칭한다고 생각한 유럽인들이 150년간 가까이 토마토를 식용 작물이 아닌 관상용 정도로만 재배했다.

18세기 들어 이탈리아 나폴리에서 가난한 사람들을 위해 주방이 아닌 길거리에서 피자를 만들어 팔기 시작한 것이 우리가 아는 피자의 시작이다. 이렇게 가난한 사람들을 위해 생겨난 피자는 점점 일반 대중들에게도 인기를 얻기 시작한다. 빵에 올라가는 토핑도 토마토, 올리브, 해산물 등으로 발전했고 피자를 파는 거리의 노점상도 건물에 점포를 얻어 피제리아Pizzeria, 피자 전문점로 발전하게 된다.

1830년에 시작된 안티카 피제리아 포르트알바는 나폴리 최초의 피자 가게로 지금까지 나폴리 피자의 오래된 전통을 이어 오고 있다. 1843년에 《삼총사》와 《몬테크리스토 백작》의 저자인 알렉상드르 뒤마가 피자 토핑의 다양성에 관해 언급하는 등 피자는 유럽에서 나폴리 지방 음식으로 유명세를 타게 된다.

1889년 이탈리아의 여왕 마르게리타가 나폴리를 방문할 때 그녀의 이탈리아 통일의 공로를 기리기 위해 나폴리의 피자 장인 라파엘 에스포지토가 이탈리아 국기색인 레드, 화이트, 그린토마토, 모차렐라 치즈, 바질로 장식된 '피자 마르게리타pizza margherita'를 만들었다는 이야기가 전해진다. 이 사건으로 피자는 파스타와 함께 이탈리아를 대표하는 음식의 위치에 오른다.

　19세기 후반에 이탈리아가 근대화를 추진하면서 빈곤이 격화되자 이탈리아 남부와 시칠리아의 수많은 농민이 미국으로 유입되었고, 이민자 중 일부가 피자를 만들어 팔기 시작하면서 미국에 피자가 전파되기 시작한다. 또한 제2차 세계대전으로 많은 연합국 군인들이 이탈리아에 주둔하면서 이탈리아의 피자와 파스타에 입맛이 길들어졌으며, 그러한 까닭에 2차 세계대전이 종전되고도 많은 미국인이 이탈리아의 피자와 파스타를 찾게 된다. 종전 후 이탈리아에 주둔하고 있던 미국군이 철수하였는데, 주둔 경험이 있던 미국 군인들이 이탈리아에서 먹던 피자를 고향에 돌아와서도 그리워하면서 '미국식 피자'가 만들어지기도 한다.

　1950년대 중반, 세계인의 마음을 사로잡은 이탈리안 여배우 '소피아 로렌'이 피자, 그리고 파스타와 함께 미국에 상륙했다. 당시 미국에서 상당한 인기를 가지고 있었던 그녀는 미국 아카데미 여우주연상을 받았으며, 세계 3대 영화제로 불리는 칸영화제에서 최고 여배우상을 수상할 정도로 뛰어난 연기력과 매혹적인 미모를 가지고 있었다. 그녀는 "Everything you see I owe to spaghetti!당신이 보는 모든 것은 스파게티로부터 탄생했어요!"라고 말하며 이탈리아 음식의 매력을 미국에 전파했다. 소피아 로렌이 미디어에서 먹는 파스타와 피자는 미국인들을 현혹하기에 충분했다.

마치 〈별에서 온 그대〉의 주연 배우 전지현이 극 중에서 치맥을 즐기는 장면을 보고 중국에서 치맥이 유행하게 된 것처럼 말이다. 실제 소피아 로렌은 현재까지 이탈리안 요리책을 집필하는 등 이탈리아 요리 홍보 대사로 많은 활동을 하고 있다.

##  피자 프랜차이즈의 시작

프랜차이즈의 나라인 미국은 이탈리아에서 온 피자를 프랜차이즈화하기 시작한다. 모두가 잘 아는 '피자헛'과 '도미노 피자'가 바로 그것이다. 특히 도미노 피자는 외식 메뉴에서 매장의 필요를 없앤 피자 배달 시스템을 발전시킨다. 도미노 피자의 창립자인 톰 모너건은 1960년에 '도미닉스 피자'라는 이름으로 창업하여 폭스바겐 비틀 차량으로 피자 배달을 시작한다. 이후 3개의 점포를 운영하면서 사명을 '도미노 피자'로 변경하게 되는데, 도미노 피자의 로고에 새겨진 세 개의 점은 이때 시작되었다고 한다. 처음에는 3개의 지점을 뜻하던 로고 안의 점을 지점이 늘어날 때마다 하나씩 늘리자는 아이디어에서 출발지만 지점 수가 폭발적으로 늘어나면서 로고의 점으로 점포의 수를 표현하고자 했던 아이디어는 취소되었고, 지금까지

3개의 점만이 남게 되었다. 참고로 현재 도미노 피자의 총매장 수는 약 1만 6천 개이다. 처음 아이디어대로 로고의 점을 그대로 늘려 갔다면 1만 6천 개의 점이 새겨진 도미노 피자 로고를 볼 수 있었을지도 모른다고 생각하니 참 재밌다.

도미노 피자는 1973년부터 '핫 박스'와 '30분 보증제'를 실시하는 등 새로운 피자 딜리버리 시스템으로 승승장구한다. 핫 박스를 도입함으로써 식지 않은 따끈한 피자를 배달할 수 있었으며, 피자 상자가 처져서 피자 치즈가 상자 윗면에 눌어붙는 걸 방지하기 위해 피자 가운데에 삼각대를 설치하기도 했다. 또 30분 이내에 배달이 완료되지 않을 경우 피자를 무료로 제공하는 등 지금 생각해도 혁신적이고 독창적인 아이디어를 피자에 이식한다.

배달 전화부터 POS<sup>point of sales system, 판매 시점 정보관리</sup>를 도입하여 초 단위로 주문과 생산 시간을 줄였다. 우리가 집에서 먹는 '따뜻한 피자'에는 외식업의 발전과 함께 디지털 산업의 기술도 녹아들어 있는 것이다. 그에 반하여 1958년 캔사스주에서 시작된 피자헛은 전통적으로 매장에서 편하게 피자를 즐길 수 있는 피자계의 맥도날드를 표방하며 시작되었다. pizza<sup>피자</sup> hut<sup>오두막</sup>이라는 말 그대로 피자를 즐길 수 있는 '장소'를 중심으로 하는 미국식 피제리아를 만들어나간다. 맥도날드의 황금 아치와 피자헛의 빨간 지붕은 미국 외식 프랜차이즈의 상징으로 세계 외식 프랜차이즈 시장을 점령하기 시작했다. 2000년대 세계 최대 프랜차이즈 업체인 얌<sup>Yam!</sup> 브랜드로 편입되어 매출 증대를 위한 피자헛 익스프레스<sup>피자헛의 딜리버리 시스템</sup>와 파스타 헛<sup>pasta hut</sup> 등 브랜드를 론칭하지만 미국인들에게 피자헛은 여전히 '빨간 지붕' 아래에서 피자를 즐기는 향수 어린 장소로 기억되고 있다.

시카고 피자의 시초는 시카고의 유명한 피자가게인 피제리아 우노<sup>Uno</sup>의 피자 요리사 루디 말나티<sup>Rudy Malnati</sup>가 개발한 조리법에서 시작된다. 딥 디쉬 피자<sup>Deep dish pizza, 깊은 접시 모양의 피자라는 뜻</sup>인 시카고 피자는 깊이가 있는 원형 도우 안에 안에 많은 치즈와 토핑을 겹겹이 쌓아 만들기 때문에 치즈와 토핑, 토마토소스의 풍부한 맛을 경험할 수 있다.

시카고 피자는 1980년에 프랜차이즈화되면서 미국 전역과 전 세계로 퍼져 세계적인 브랜드로 성장했다. 미국의 피자는 우리가 일반적으로 먹는 뉴욕식 피자와 요즘 유행하는 시카고 피자로 양분된다고 볼 수 있는데, 시카고 피자는 특히 미국 중부에서 인기가 많다. 최근에는 우리나라에도 시카고 피자 프랜차이즈들이 생겨나고 있으며 이마트에도 시카고 피자 메뉴가 영입되었다.

미국 시카고에서 지내던 처형이 얼마 전에 한국으로 돌아왔는

데 시카고 피자 향수병에 걸려 있었다. 다음번에 우리 집에 놀러 오면 우리 동네의 시카고 피자를 한번 먹으러 가야겠다. 하지만 '본토 음식 맛의 반은 그 나라의 공기 맛이 반이다!'라는 명언을 생각하면 처형의 입맛을 만족시키기는 쉽지 않을 듯하다. 음식은 문화라는 말이 있듯 식사하는 공간의 분위기와 음악, 서비스 방식, 인종, 언어, 브랜드 등 많은 것이 포함되어 있어야 본토의 음식 맛을 느낄 수 있는 듯하다.

## Menu

감자탕과 맬서스의 인구론

족발과 슈바인스학세

오이냉국과 오이 포비아

만둣국과 종로의 추억

불의 선물, 삼겹살

# 세 접시

## 우리 집
## 식탁에는 …

감자탕과
맬서스의
인구론

퇴근 전 아내에게 전화해 "오늘 메뉴가 뭐야?"하고 물으니 "당신이 좋아하는 메뉴!"라고만 답한다. 엘리베이터에서 내리니 고소한 들깨 향이 현관 앞 문밖까지 새어 나온다. '오호! 오늘은 감자탕이로구나!'하는 생각을 하며 문을 열고 들어간다.

역시나 아내의 일등 메뉴인 감자탕이 저녁 식사로 나왔다. 내가 퇴근 후 저녁 식사 메뉴로 가장 좋아하는 음식이다. 이천 관고시장에서 구입한 향이 풍부한 국산 들깻가루가 듬뿍 들어가 있어 들깨향이 집안을 가득 채운다. 역시 감자탕에는 중국산 들깻가루보다는다소 비싸더라도 국산 들깻가루가 들어가야 맛과 향이 제대로 나온다. 김치와 풋고추면 반찬은 충분하고, 반주로 마실 청주까지 있으니 더 이상 바랄 게 없다.

##  한국의 소울푸드, 감자탕

감자탕은 1899년 경인철도건설 현장에서 먹기 시작했다는 설이 있지만, 양돈산업이 활성화되면서 돼지고기 부산물인 돼지 등뼈가 본격적으로 유통된 시기인 1960년대 후반부터 1975년 사이에 발전했다고 보는 것이 일반적인 시각이다.

누군가 '한국의 소울 푸드는 무엇인가?'라고 물어본다면 아마 우리나라에선 순댓국과 함께 감자탕이 가장 많이 언급될 것이라 생각된다. 소울푸드라 함은 진귀하고 값비싼 재료보다는 구하기 쉽고 가격도 저렴한 재료를 사용하면서 영양가도 풍부한 음식이어야 하는데 '맛있고, 양 많고, 가격도 싼' 고향의 정서와 맛이 담긴 음식이라면 우리의 순댓국과 감자탕을 꼽을 수 있지 않을까 한다. 세계 각국의 소울푸드라 일컫는 음식들을 보면 우리의 생각과 달리 대부분은 역사가 깊지 않다. 일본의 작가 우에하라 요시히로는 자신의 저서 《차별받은 식탁》에서 소울푸드는 사회에서 소외된 집단의 음식이라고 이야기하고 있다. 꼭 유서 깊고 고급스런 음식이 소울푸드인 것은 아니라는 것이다.

감자탕은 1970년대 서울로 상경해온 청년들과 강북 지역 서민들의 발길이 이어졌던 응암동과 청량리에 감자탕 골목이 들어서면서 도심화로 인해 밀려들던 인파와 변두리 서민들에게 소울푸드로 각광받기 시작한 음식이다. 1988년 서울올림픽 개최 후 미미했던 외식시장이 폭발적으로 발전하게 되었고, 피자와 햄버거, 패밀리 레스토랑 브랜드들이 들어왔지만 그 시절 대학교 앞의 감자탕집과 순댓국집에서 마셨던 소주 한잔은 지금도 잊히지 않는다.

 ## 감자의 유래

남미가 원산지인 감자는 콜럼버스에 의해 유럽에 들어오게 되었다. 감자는 처음엔 식량이 아닌 감자꽃을 관상하기 위한 용도로 들어왔고, 계속 터부시 되다가 17세기 전후를 기점으로 유럽에서 곡식을 대체할 작물로 급부상하기 시작한다.

당시 세계에서는 두 가지의 주 곡식이 있었다. 아시아, 특히 동아시아 지역에서 먹는 쌀과 유럽이나 이슬람 지역에서 먹는 밀이 그것이다. 두 곡식 모두 좋은 땅과 수량, 일조량이 풍부한 지역에서 잘 자라는 귀족적인 곡식들이었고 수확 후에도 탈곡과 도정, 제분이라는 노동 집약형의 고난도 기술이 도입되어야만 곡식으로 사용할 수 있었다. 하지만 감자는 땅이 척박하고, 농지가 아닌 곳에서도 잘 자라며, 일조량과 물이 부족해도 잘 자란다는 이점이 있다. 더욱이 이른 봄에 심어서 초여름에 거둘 수 있을 정도로 재배 기간도 매우 짧고 수확 후 찌거나 굽기만 하면 인간에게 있어 최고의 탄수화물 공급원이 되며, 감자를 이용해 보드카와 소주 등의 술을 만들 수 있다는 장점도 있다.

##  감자 마름병과 아일랜드 대기근

기근 대책의 하나로 유럽에 감자가 보급된 후 북유럽과 아일랜드 등 그 당시 유럽의 변방 국가들에선 감자가 주식으로 활용되기 시작하였고, 1680~1690년 사이에는 감자가 풍년이었기에 유럽의 인구도 가파르게 증가했다. 새로운 식량원의 도입으로 인구의 증가와 기술, 학문이 발전하면서 바야흐로 유럽은 산업혁명의 시기로 들어서게 되었다. 이 시기에 갑작스럽게 인구가 팽창하면서 우리가 잘 아는 '맬서스의 인구론'도 발표되는데, 이 이론은 무서운 역사적 파장을 몰고 온다. 과잉인구는 빈곤과 악덕의 원인이라고 주장한 맬서스의 이론에 근거해 시행된 산아제한 정책은 빈민구제법을 중단시키기에 이르고 1840년대 감자 마름병으로 인한 대기근에도 영국 정부는 아일랜드 사람들을 기근 상황에 방임한다. 감자를 주식으로 하던 아일랜드인들은 영국으로부터 아무런

조치도 받지 못한 상황에서 감자 마름병으로 인해 감자의 씨가 마르자 결국 100만 명이 넘게 굶어 죽고 만다.

이것을 계기로 절망을 경험한 수많은 아일랜드인이 미국으로의 이민을 선택하는데, 이 민족 이동은 북미 지역의 역사를 발전시키는 초석이 된다. 이처럼 감자의 출현과 맬서스의 인구론은 나비효과처럼 세상에 큰 변화를 일으킨 하나의 사건이 된다.

 **구황작물 감자**

조선 시대 실학자인 이규경의 저서 《오주연문장전산고》에 따르면 감자는 1824년 조선 순조 때 우리나라에 들어왔다고 전해진다. 감자를 보통 구황작물이라고 하는데, 한자로 '救구할 구, 荒흉년 황'을 쓰며 말 그대로 흉년을 구하는 작물을 말한다. 김동인의 단편소설 〈감자〉가 1925년 《조선문단》에 발표된 걸로 보아, 감자가 도입된 후 백 년 동안 우리나라에 급속도로 보급된 듯하다. 쌀을 세금으로 받았던 조선 시대의 특성상 감자는 세금을 피할 좋은 구실이었고, 풍부한 탄수화물은 구황작물의 역할을 톡톡히 했기에 강원도 지역에서는 최고의 작물로 인기를 구가하기 시작했다. 이후 구한말 일제의 수탈과 한국전쟁 등으로 인해 논농사를 짓지 못한 우리나라 사람들은 부족했던 쌀의 대체품으로 감자를 먹으며 허기를 달래기도 했다.

우리나라에서 재배되는 감자는 점질 감자라고 하여 분질 감자 종보다 수분이 많고, 잘 부서지지 않아 쪄 먹거나 삶아 먹기 좋은 품종이다. 감자탕에도 들어가고 감잣국을 끓여 먹기도 좋은 이 품종의 대표적인 감자로는 수미감자가 있다. 반면 분질 감자는 수분이 적고 전분이 많아서 조리했을 때 보슬보슬하고, 잘 부서지는 특성이 있어 감자튀김이나 구이 등으로 만들어 먹는 것이 적합하다. 이 품종의 대표적인 감자로는 '식물을 사랑하며, 식물과 대화하는 원예육종가'로 유명한 루서 버뱅크Luther Burbank가 개발한 러셋 버뱅크 감자가 있다.

수미 감자가 들어간 감자탕에 반주를 곁들이니 하루의 피로가 풀린다. 대학 시절 친구들과 함께하던 그 시절의 추억도 짙게 떠오른다. 내일은 친구에게 전화를 걸어 뜨끈한 감자탕에 소주를 한잔 청해 봐야겠다.

족발과
슈바인스학세

음식의 이상형을 뽑는 토너먼트가 있다면 '족발'은 언제나 우승 후보군에 오를 것 같은 메뉴이다. 족발 하면 서울 '3대 족발'이 떠오른다. 강북의 성수 족발과 강남의 양재 족발, 그리고 족발의 원조라는 장충동의 평안도 족발은 쫀득하고 고소한 맛으로 우리들의 입맛을 사로잡고 있다. 서울 3대 족발 외에도 전국 지역마다 유명한 족발집이 있을 만큼 다양한 맛과 종류를 자랑한다. 내가 가장 사랑하는 족발집은 우리 동네에 위치한 곳으로 서울 3대 족발집만큼 유명하지는 않지만 나름 지역구에서 맛집으로 통하며 동네 사람들의 사랑을 받는 곳이다.

요즘 맛집 프로그램의 기준은 맛도 맛이지만 뚝심 있게 오랫동안 점포를 운영한 노포들에게 높은 점수가 돌아가는 듯하다. 새로 생긴 점포들도 노포 못지않은 맛을 자랑하는 곳들이 있다. 젊은 분위기의 음식점도 생기가 있어 좋긴 하지만, 연륜이 있는 의사 선생님이 믿음이 가듯 요리 경험이 많은 주방장의 아우라가 풍기는 곳은 또 다른 매력을 발산한다.

일단 가게에 들어설 때 일하는 직원들의 에너지가 만만치 않게 느껴지는 점포들이 있는데, 흰머리가 살짝 보이는 주방장의 칼끝을 바라보는 매서운 눈매와 현란한 손기술 등이 에너지로 변환되어 점포 안을 가득 채운다. 동네에 새로 생긴 족발집이 그러한 가게 중 하나인데, 그곳에 들어서면 주방에서 오랫동안 일을 해온 사람들만이 알 수 있는 내공의 압박을 느낄 수 있다.

##  아시아의 족발

돼지고기를 좋아하는 나라에는 족발 요리가 대부분 존재한다. 중국에서는 족발을 '주쟈오<sup>猪脚, zhujiao</sup>'라 불리며 대중적인 인기를 누리는 요리가 있다. 돼지의 큰 체구를 지탱하는 조그마한 발은 강인함을 상징하기 때문에 족발은 중국에서 무병장수를 의미하는 국수와 함께 생일상에 올라가는 대표적인 음식이다. 또한 저각초<sup>猪脚醋</sup>는 중국식 족발찜으로 식초를 넣어 시큼한 맛이 나는 특징이 있는 요리이다.

특히 산동 지역의 오향족발은 우리나라에서도 유명하다. 오향장육에 들어가는 다섯 가지 향신료인 팔각<sup>star anise</sup>, 정향<sup>clove</sup>, 회향<sup>fennel</sup>, 화자오<sup>초피</sup>와 진피<sup>말린 귤껍질</sup>의 향이 어우러져 말 그대로 중국다운 향과 맛을 자랑한다. 오향분<sup>粉</sup>은 중국의 커리 가루라고 불릴 정도로 중국 음식에서 많이 사용된다.

일본에서 족발을 먹는 곳은 원래 오키나와를 비롯한 남쪽 섬 지방으로 족발을 삶아서 국을 끓여 먹거나 우리나라처럼 양념을 해서 먹었다. 오키나와에서는 일반적인 족발의 용어인 돈소쿠<sup>豚足</sup>가 아닌 '데비치<sup>돼지의 발이라는 뜻</sup>'라고 하며 대표 음식으로는 데비치 소바<sup>てびちそば, 돼지 족발을 올린 면 요리</sup>가 있다. 요즈음은 '돈소쿠족발'가 일본 전국으로 확대되어 일본 슈퍼마켓에서도 삶은 족발을 쉽게 볼 수 있다.

동남아에서도 족발은 인기 있는 음식이며 태국, 인도네시아, 말레이시아 등에서 대중적인 메뉴로 자리 잡고 있다. 태국 요리 '카오카무'는 돼지의 다리를 이용한 요리이며 밥을 뜻하는 '카오'와 족발을 뜻하는 '카무'의 합성어로 즉, 족발 덮밥을 이야기한다. 우리나라에는 생소한 음식이지만 태국에서 카오카무는 아주 흔한 먹거리 중 하나이다. 또한 필리핀의 족발 튀김인 '크리스피 파타cripy pata'는 전 세계적으로 유명한 요리로 필리핀에 가면 꼭 먹어야 하는 메뉴로도 뽑힌다. 튀긴 족발의 부서질 듯 아주 바삭한 껍질과 촉촉한 속살이 일품인 크리스피 파타는 간장 소스를 찍어 밥과 곁들여 먹는 음식으로 우리 입맛에도 아주 잘 맞는 족발 요리이다.

##  독일의 족발, 슈바인스학세schweinshaxe

유럽에서는 돼지의 다리를 통째로 사용해 햄을 만드는 스페인 하몽과 이탈리아의 프로슈토가 유명하다. 특히 돼지를 사랑하는 나라인 스페인의 '마니타스 데 세르도manitas de cerdo'라고 하는 족발 요리는 족발을 토마토소스에 뭉근하게 끓여 만드는 것으로 유럽 스타일의 스튜stew를 연상시킨다.

독일의 경우는 '슈바인스학세'와 '아이스바인eisbein'이라 불리는 독일식 '족발구이'가 널리 알려져 있다. 삶아서 먹는 우리나라 족발과는 달리 오븐에서 구운 껍질이 바삭한 족발이다. 독일에 가면 소시지와 함께 꼭 먹어야 하는 독일의 대표 음식으로 꼽힌다.

슈바인스학세는 근대 이전 독일의 전형적인 농민 음식이었으며 부드러운 삶은 감자, 짭짤하고 시큼한 사우어크라우트양배추김치와 함께 먹는다. 여기에 맥주를 반주로 하면 가장 독일적인 음식이라 할 수 있다. 바삭한 껍질과 부드러운 속살, 감자의 하모니가 입안에서 브람스의 교향곡처럼 조화롭게 울려 퍼진다. 이를 맛보고 있노라면 독일 음식이 맛없다는 편견이 날아가기도 한다. 가끔 슈바인스 '학세'로 발음하느냐 혹은 '학센'으로 발음하는가에 대한 논란도 있지만, 독일에서는 학세haxe와 학센haxen을 혼용해서 쓴다고 하니 둘 다 맞는 발음이라고 할 수 있다.

음식의 '오지奧地'라고 불리는 북유럽에서도 족발은 전통 있는 음식으로 노르웨이에서는 실테렙syltelabb이라고 불리며 크리스마스 시즌에 먹는 음식으로 자리 잡기도 한다. '소금으로 보존하다'라는 뜻을 지닌 sylte와 족발이라는 뜻을 지닌 labb의 합성어로 소금에 절인 돼지 족발을 삶아서 만든 음식이다.

실테렙은 소금에 짜게 절인 족발을 삶은 후 북유럽식 플랫브래드와 겨자를 곁들여 먹는데, 매우 짜기 때문에 아쿠아비트aquavit, 펜넬과 딜 등의 향신료가 함유된 술라고 불리는 스칸디나비아식 증류주와 빵, 겨자를 곁들여 먹는다. 이밖에도 오스트리아의 슈텔체stelze, 체코의 콜레뇨koleno, 아일랜드의 크루빈스crubeens라는 음식이 족발과 비슷하다. 이처럼 'Pig's trotters족발'는 미국과 영국을 제외한 전 세계에서 소비되는 세계인의 소울푸드이다.

## 조리방법에 따른 음식문화의 다양성

족발을 조리하는 방식을 보면 나라별 요리 문화를 알 수 있는데, 동아시아에서는 찜, 유럽에서는 구이, 동남아시아에서는 튀김을 선호하는 등 세계 지역별 조리 특성도 엿볼 수 있다.

우리나라와 동아시아의 경우 부뚜막과 가마솥에서 물에 삶는 방식인 '브레이징braising'으로 조리하여 족발을 먹는다. 예로 우리나라의 '찜'이 가장 대표적인 브레이징 방법이다. 재료의 덩어리가 크고 육질이 질긴 부위나 지방이 적게 함유된 고기를 조리하는 방법의 하나로, 수분 함량을 높여 육질을 부드럽게 하고 뼈에 붙은 고기가 분리가 잘되도록 만드는 조리법이다.

빵을 주식으로 하기 때문에 오븐이 잘 발달한 유럽의 주방문화에서는 족발을 물에 삶은 후, 오븐에 구워 먹는 로스팅roasting 방식으로 족발을 구워 껍질을 바삭하게 만들어 먹는 방식을 사용한다. 유럽과 미국은 이처럼 겉은 바삭하고 속살은 수분을 머금어 부드럽게 만드는 조리법을 선호한다.

한편 필리핀 등 동남아시아와 같이 더운 날씨가 계속되는 지역에서는 튀김 음식이 선호도가 높아 족발 역시 물에 삶았다가 다시한 번 높은 온도의 기름에서 튀기는 딥 프라잉deep frying 방식으로 조리한 족발 튀김을 먹는다. 타이어를 튀겨도 맛있다는 말이 있는

것이 튀김인데, 삶기만 해도 맛있는 족발을 고온으로 튀기면 족발
껍질이 바삭해져 그 맛이 더욱 뛰어나진다.

##  장충동 족발의 시작

우리나라 족발의 역사를 거슬러 올라가 보면 족발이나 우족을
이용한 족탕 혹은 주저탕<sup>족볶이, 족조림</sup>이라는 것이 있었다고 전해진
다. 1924년 이용기가 지은 《조선무쌍신식요리제법》에 나오는 족탕
은 현재의 우족탕과 그 모습이 비슷한데, 삶은 족발을 사태와 같이
넣고 물을 많이 부어 끓인 뒤 장과 후추, 계피를 넣어 한소끔 다시
끓여 탕으로 먹는 것이다.

현대의 우리가 먹는 족발의 원조는 장충동 족발거리에서 시작
된다. 1963년 장충체육관의 개장과 함께 유동 인구의 집결지로 다
시 태어난 장충동은 1960년대 후반과 1970년대의 인기를 휩쓸었던
권투 경기와 레슬링 경기 등이 치러졌던 곳이었으며, 우리나라 정치
계 정당들의 전당대회가 열리는 정치인의 성지였던 장충체육관은
그 시절 수많은 사람이 모이는 장소였다.

사람이 모이는 곳에는 먹거리도 필요한 법. 유명 제과점 태극당
이 새로 지어지고, 한식당들과 중식당들이 장충동에 문을 열기 시작
했다. 비싼 음식을 판매하는 식당들보다는 서민들이 먹을 만한 음

식이 요구되자 좌판에서 족발을 파는 사람이 생기기 시작했다. 장충동에서 가까운 당시 국내 최대의 축산물시장이었던 마장동 축산물시장에는 양돈의 부산물인 족발이 넘쳐났고, 그때까지 먹을거리로 생각지 않았던 족발을 평안도 할머니들이 간장 족발로 재탄생시켰다.

처음에는 이북에서 내려온 두 할머니가 만두와 빈대떡을 팔다가 고향에서 맛있게 먹었던 족발을 떠올리고 가판대에서 팔기 시작했다. 장충체육관에 레슬링이나 권투 경기가 있는 날 이 새로운 족발 메뉴가 소문이 나기 시작해 할머니들의 족발집은 문전성시를 이루게 된다. 이후 두 할머니들은 각자 가게를 차리는데, 하나는 전숙렬 할머니의 '장충동 뚱뚱이할머니' 족발집이고 친구분의 족발집은 '평안도 족발집'이다. 지금도 그 두 곳은 장충동 족발집의 양대 산맥이라 불린다. 이것이 우리나라 족발 시장의 태동이었다. 이후 장충동에 족발집들이 점점 생겨나기 시작하면서 장충동은 우리나라 족발 시장의 메카로 성장하게 되었다.

장충체육관이라는 새로운 핫플레이스의 출현, 육류 부산물이던 새로운 식재료인 족발의 사용, 넘치는 유동 인구의 조합은 '장충동 족발거리'라는 서울의 새로운 외식시장을 형성시켰고, 족발은 입소문으로 퍼져 나가면서 국민적인 사랑을 받게 되었다. 요즘 장충동

을 가보면 예전만큼의 열기는 없지만 아직도 족발의 성지로 회자되

며 사람들에게 사랑받고 있다.

오이냉국과
오이 포비아

오이냉국의 계절, 여름이다. 군인 시절에 나는 관측병이어서 한여름에도 하루에 한 번은 산꼭대기의 OP<sup>전초기지</sup>에 올라갔었다. 30℃가 넘는 무더운 여름에 M16 소총과 무전기를 포함한 군장을 지고 산을 오르는 건 지금 떠올려 봐도 아찔한 고역이었지만 산 정상에서 물 대신 한입 베어 물던 오이의 맛은 잊히지 않는다. '오이가 이렇게 맛있었나?' 하고 생각할 정도로 담백한 채소의 맛을 깨닫게 되었다. 어릴 때부터 라면과 소시지, 맥도날드 햄버거와 과자 등의 인스턴트식품을 자주 먹으며 초딩 입맛을 길들여 왔던 내가 아무것도 가미되지 않은 순수한 채소의 맛을 제대로 느낀 첫 경험이었다.

제대하면서 다짐을 한 것이 세 가지 있었는데, 첫 번째로 비를 맞고 걷지 않는 것과 두 번째로는 절대 춥게 입고 돌아다니지 않는 것, 마지막은 콩나물을 먹지 않는 않는 것이었다. 군대에 있는 동안 비를 맞으며 행군하는 것이 너무 싫었기 때문이다. 겨울철 아무리 움직여도 따뜻해지지 않는 몸이 싫었으며, 군 생활 동안 콩나물 반찬을 너무 많이 먹어서 보는 것조차 싫었다. 그래서 제대 후부터 지금까지 우리 집 식탁에는 콩나물 반찬이 잘 오르지 않는다. 하지만 군 생활 중 오이가 가진 본연의 맛에 빠진 후로 지금까지도 좋아하는 여름 채소로 오이를 꼽는다.

날이 더워 국과 찌개를 끓이기도 다소 덥다고 느껴질 때 소금과 설탕, 식초로 새콤달콤하게 육수를 만들고, 싱싱한 오이를 삭삭 채 썰어서 육수에 넣는다. 여기에 얼음과 통깨를 넣고 휘저어 주기만 하면 시원한 오이냉국이 완성된다. 마치 영화 〈리틀 포레스트〉의 주인공이 된 것처럼 여유를 느끼게 해주며 만들기도 쉽고 참 맛있는 음식이다. 게다가 한국인에게 친근하고 저렴하기까지 하다는 여러 가지 장점을 가지고 있다.

오이냉국에는 보통 미역도 같이 넣지만 나는 미역을 그리 좋아하지도 않거니와 미역을 물에 불려야 하는 등의 번거로운 과정 때문에 오이만을 넣고 한 대접 만들어본다. 여름철에 시원하게 먹기 좋은데다가 묘하게 중독성이 있는 음식이어서 일주일에 한 번은 식탁에 올라올 정도로 우리 집에서 가장 인기 있는 여름 메뉴이다.

##  오이냉국의 역사

오이는 참외, 수박과 함께 대표적인 박과의 식물로서 원산지는 인도의 히말라야 산계이며 서아시아 지역에서는 3000년 전부터 재배되어 왔다. 중앙아시아에서 실크로드를 통해 로마로 운송되어 식용으로 사용되었다. 그 후 콜럼버스가 유럽에서 남미로 수출한 식물이기도 하다. 온실형, 슬라이스형, 피클형, 남지형, 북지형 등으로 나뉘어 전 세계에서 다양한 품종의 오이가 재배되고 있다. 다른 식물 종이 품종에 따라 조금씩 맛이 변하는 것과 달리 오이는 품종에 따라 모양만 다를 뿐 맛이 다 똑같다는 특성을 가진 채소이다. 오이의 종류에는 노지에서 자라는 일반 오이와 우리나라에서는 잘 구할 수 없는 피클용으로 특화된 거킨gherkins 오이가 있다.요즘은 마트에서 수입된 피클 상태의 거킨 오이를 많이 접할 수 있다.

중국에서는 3000년 전부터 오이지를 담가 소비했다고 전해지며, 조선 시대에 쓰인 《고려사高麗史》를 보면 1500년 전 우리나라에서도 작물화하여 식용으로 사용했다고 기록되어 있다. 오이는 고려 시대부터 재배되어 오이지 등으로 만들어 식용해 왔다. 오이지, 짠지처럼 끝 글자에 붙은 '지'는 김치의 옛말인 '저'의 방언이다.

서양에서도 우리나라와 마찬가지로 오이를 '저'의 형태로 만들어서 먹었는데, 그것이 바로 피클이다. 피클은 고대 로마 시대 때부터 만드는 방법이 전해져 내려왔으며, 일반적으로 거킨 품종의 오이를 피클로 만든다. 한여름에 채취할 수 있는 허브인 딜과 통후추, 마늘을 넣어 달지 않게 만드는 '코셔 딜 피클kosher dill pickle'은 미국 뉴욕에서 유명해지기 시작하여 지금은 전 세계인의 사랑을 받고 있다.

오이는 수확철인 여름이면 샐러드나 스프로 많이 소비되는데, 그리스에서는 페타 치즈와 올리브, 오이를 섞어서 만든 그릭 샐러드greek salad가 유명하고, 스페인과 이태리 등 지중해 연안 국가에서는 가스파초gazpacho라는 토마토, 오이, 피망, 빵, 올리브오일, 그리고 식초와 얼음물을 함께 갈아 차가운 수프로 만들어 마시며 여름을 시원하게 보내기도 한다.

 **영국의 오이 사랑**

영국의 오이 사랑은 각별하여 빅토리아 여왕 시절부터 오이 샌드위치가 유행했다. 영국에서는 오래전부터 애프터눈 티를 즐겼는데, 애프터눈 티afternoon tea는 1840년대부터 영국에 도입된 '홍차와 샌드위치, 스낵류 등을 함께하는 간식' 개념의 식사를 이야기한다. 산업혁명의 영향으로 영국인들의 저녁 식사 시간이 저녁 8시쯤으로 늦어지면서 저녁과 점심 사이의 간극을 메워주기 위해 가벼운 간식거리와 함께 차를 즐기던 '애프터눈 티'는 점점 화려하게 발전하기 시작한다. 애프터눈 티는 상류사회가 지향하던 메뉴로 그 시절 값비쌌던 오이를 사용해 만든 샌드위치를 서브하는 것이 특징이었다. 석탄 가격이 저렴한 영국에서는 유리 온실을 만들어 겨울철에도 석탄으로 난방을 떼며 오이와 장미 등 봄과 여름에 나는 꽃과 채소를 재배하고 수확하는 것이 부의 상징으로 여겨졌다. 그렇기에 오이 샌드위치는 단순히 맛 좋은 음식이 아닌 행사를 주최한 호스트의 권력과 부를 자랑할 수 있는 음식이었던 것이다.

지금과 달리 비닐하우스도 없고 냉장고도 없던 1840년대에는 한겨울에 싱싱한 채소, 꽃, 값비싸고 향긋한 차를 즐기는 것이 그 시절 최고의 사치로 여겨졌고, 지금도 수많은 호텔과 유명한 카페들에서 그 명맥을 이어 오고 있다. 애프터눈 티 서비스는 보통 3단 트레이로 된 접시 위에 오이 샌드위치 등의 샌드위치류와 스콘, 조그마한 케이크류와 마카롱 등을 준비한다. 아직도 오이 샌드위치를 3단 트레이에 넣는 19세기의 관습이 이어져 오고 있다는 점이 재미있다.

이러한 영국의 영향을 받은 홍콩에서는 페닌슐라 호텔의 애프터눈 티 서비스가 대단한 인기를 끌고 있어 미리 예약을 하지 않으면 안 될 정도다. 런던에는 피클용 오이의 모양을 닮은 거킨 빌딩Gherkins Building은 '30 St Mary Axe'라는 원래 이름 대신 'The Gherkin'으로 불리기도 한다. 처음에는 파리의 에펠탑이나 서울의 세빛섬처럼 호불호가 많이 갈려 런던이라는 고풍의 도시 미관을 해친다는 목소리가 거셌지만 현재에는 런던의 랜드마크로 '오이지'라는 별명과 함께 런던 사람들과 관광객의 사랑을 받는 명소가 되었다. 이는 오이를 귀하게 여기며 아끼던 영국인들의 전통이 아직 여기저기에 스며 있는 까닭이다.

 오이 포비아

학교에서 조리 수업을 하다 보면 오이를 못 먹는 학생들이 의외로 꽤 많은데, 이들의 오이에 대한 반응은 오이를 기호적으로 좋다 싫다 하는 것이 아니라 거의 공포phobia를 느낄 정도다. '오이 포비아'가 있는 학생이 한 반에 한 명은 꼭 있는 것으로 볼 때 일반적으로 모르고 지나칠 뿐 우리 사회에 오이를 싫어하는 범위를 넘어 공포감마저 느끼는 사람들이 꽤 많이 있는 것 같다.

오이의 맛도 맛이지만 오이의 향을 싫어하는 경우가 더 많은데

김밥이라든가, 짜장면 위에 올라간 오이 등을 제거한 젓가락에서 나는 오이 냄새조차 싫어 젓가락을 바꿔 먹을 정도이니 유난히 오이 향에 민감한 이들에게는 우리가 모르는 고통스러운 순간들이 있음을 짐작게 한다.

오이를 싫어하는 사람들의 경우 참외나 수박 같은 박과도 싫어하는 것이 보통이다. 만약 가족 중에 '오이 포비아'가 있어 여름철에 수박을 먹을 수 없게 된다면 수박을 즐겨 먹는 나로서는 참 곤란할 것 같다.

만둣국과
종로의 추억

    오랜만에 아내와 함께 종로로 나들이를 나간다. 종로 네거리에
도성의 각 문을 여닫는 시각을 알리는 종루가 세워지면서 종루십자
가라 불렸고 '종로'라는 이름이 여기서 유래되었다. 일명 'X세대'로
불리던 내 나이 또래가 참으로 좋아하던 장소이다. 종로 하면 관철
동이 떠오르고, 종로서적 앞에서 설레는 마음으로 여자 친구를 기다
리던 것이나 단성사와 피카디리 극장에서 영화를 보던 기억이 떠오
른다.

    종로서적은 한 번 사라졌다가 복합문화공간으로 다시 태어났
고, 피카디리극장과 단성사도 이제 옛 모습을 찾아볼 수 없으며, 거

리는 귀금속 도매 상가로 변해버렸다. 관철동은 홍대와 연남동, 가로수길에 밀려 내가 기억하는 종로와는 너무나 달라졌다. 그래도 인사동에는 사동 면옥<sup>만둣집</sup>과 경인미술관<sup>인사동의 오랜 미술관 겸 찻집</sup>, 지대방<sup>인사동 터줏대감 찻집</sup> 등이 여전히 그 자리를 지키며 그리운 시절의 추억을 그대로 간직하고 있다.

삼청동에 갔다가 돌아 나오는 길에 만두를 먹으러 안국동의 '깡통 만두'에 가 보니 사람들이 줄을 지어 기다리고 있었다. 대기 번호가 너무 길어 발길을 돌렸다. 평일 낮 인근 회사들의 점심시간이 아니면 그리 심하게 붐비는 식당은 아니었는데, 요리 프로그램에 맛집으로 소개된 이후로 변화된 모습을 보니 새삼 미디어의 힘을 느끼게 된다. 늦은 오후에 오면 고즈넉하고 한가한 식당이라 참 좋아했던 식당이었는데 이제는 찾아가기 쉽지 않은 식당이 되었다. 아끼는 추억의 식당들이 유명해지니 기쁘기도 하지만 추억이 변해 가는 것 같아 괜히 서운한 기분이 든다. 요즘 서울 사대문 안에 '노포'라고 칭해지는 웬만한 식당들은 맛집 프로그램, 미슐랭 가이드와 자갓 서베이, 블루리본 서베이 등의 레스토랑 평가지들에 모두 다 들어 있다고 해도 과언이 아니다. 늘 가깝고 친근해서 오랜 친구 같았던 식당들이 언제부터인가 너무 멀어져 버린 듯하다.

## 동아시아의 공통분모, 만두

　서양에 피자가 있다면 동양에는 만두가 있다. 만두는 특히 동아시아 지역에서는 거의 모든 나라의 식탁에서 빠지지 않는 음식이다. 우리나라를 비롯하여 대부분의 아시아 지역에서 만두피로 만두소를 감싼 형태의 요리인 '만두'를 먹고 있음을 알 수 있다. 서양에도 형태는 조금 다르지만 동양의 만두와 유사한 요리가 있다. 고기와 채소를 밀가루로 감싸는 '미트파이'부터 이탈리아의 만두라 불리는 '라비올리', 남미의 '엠파나다' 등 만두와 비슷한 다양한 형태의 요리가 존재한다.

　메소포타미아 문명을 연구하는 프랑스의 사학자 장 보테로Jean Botero는 수메르인과 아카드인의 요리책에 전해지는 '퇴겔헨'이라는 음식이 만두의 원형일 것이라 말하고 있다. '밀가루로 반죽한 피 위에 다진 고기를 올린 다음 다시 피로 덮는다'고 요리책에 소개되어 있어 만두와 상당히 비슷하다는 것을 알 수 있다. 메소포타미아 기원설을 주장하는 서양 중심의 학자들은 '퇴겔헨'이 유럽으로 전파되어 라비올리가 되었고, 실크로드를 따라 동쪽으로 이동하면서 만두가 된 것으로 추정한다. 상당히 서양 중심주의적인 생각으로, 아시아 사람들이 들으면 코웃음을 자아낼 일이다. 또한 로마 시대, 인류 최초의 조리서라고 하는 《아피키우스Apicius》4~5세기경에도 만두 형식의 요리가 소개되어 있다.

하지만 만두의 역사에서 최고 지존 자리를 차지하는 중국 만두의 역사에는 만두에 관한 여러 가지 재미있는 이야기들이 많이 있다. 일단 중국의 만두를 우리가 아는 3가지로 분류하면 포자만두包子, 바오즈와 교자만두餃子, 쟈오즈, 만두饅頭, 만터우가 있다. 밀을 제분하고 반죽하는 '만두피'는 만두의 역사를 논할 때 가장 중요한 단서가 된다.

첫 번째, 포자만두는 발효된 만두피에 소를 넣고 쪄서 만드는 만두이다. 두 번째, 교자만두는 발효되지 않는 만두피에 소를 넣어 초승달 모양으로 빚어 삶거나 지져 먹는다. 보통 우리나라와 일본에서 많이 먹는 만두가 이에 해당한다. 세 번째, 중국인들이 칭하는 만두만터우는 안에 아무것도 들어 있지 않은 화권花빵같이 생긴 찐빵을 말한다중국에서 바오즈나 쟈오즈가 아닌 만터우를 주문하면 '소 없는 공갈 만두'가 나오니 소가 들어간 만두를 원한다면 바오즈나 쟈오즈를 주문해야 한다.

중국 만두의 역사에는 두 가지 기원이 있다. 첫 번째는 《삼국지연의》에서 찾아볼 수 있는데, 중국 최고의 참모로 꼽히는 제갈공명이 남만지금의 미얀마 지역을 정벌하고 돌아오는 길에 강의 풍랑이 거세어 뱃길이 험해지자 밀가루 반죽에 양과 돼지고기를 넣고 사람의 머리 모양과 비슷한 만두를 빚어 제사를 지냈더니 풍랑이 가라앉아 무사히 강을 건너 돌아올 수 있었다고 한다. 《삼국지연의》는 '서기 184년 황건의 난부터 서기 280년까지 중국에서 벌어진 실제 사건을 바탕으로 쓰인 명나라 때의 소설'이다 보니 만두에 관한 정확한 고증이라고 보기에는 힘든 점이 있으나 중국인들의 만두 사랑을 엿보기에는 충분하다.

두 번째로 중국 무협 소설과 영화에서 최고의 의사로 꼽히는 '화타'와 쌍벽을 이루는 중국의 4대 의성 중 한 명인 장중경張仲景, 150~219에게서 만두가 유래되었다는 설이 있다. 장중경이 벼슬을 마치고 낙향하여 고향인 남양으로 돌아갔을 때 마을 사람들이 추위와 굶주림으로 인해 귀가 동상에 걸려 고통받는 모습을 본 그는 제자들과 함께 마을에 천막을 치고 의료 활동을 시작한다. 양고기와 산초를 넣은 귀 모양의 만두嬌耳를 빚고 한기를 몰아내는 약재를 가마솥에 넣어 끓인 '거한교이탕去寒嬌耳湯'을 사람들에게 나눠 먹이니 백성들의 동상이 다 나았다고 전해진다. 이후에 만두피로 싼 이 음식의 모양이 조그만 예쁜 귀처럼 생겼다 하여 '쟈오얼嬌耳'이라 불리다가 후에는 '쟈오즈餃子'로 바뀌었고, 이것이 오늘날 교자 형태의 만두가 되었다고 한다.

**쌍화점부터 냉동만두까지**

우리나라 만두의 역사는 고려 시대 원나라에서 전파된 것으로 추정된다. 고려가요 '쌍화점雙花店'보다 영화배우 조인성과 송지효가 출연한 영화 〈쌍화점〉으로 유명한 이 제목의 쌍화가 바로 만두를 뜻한다. 밀가루가 매우 귀했던 고려 시대에 원나라에서 전파된 상화霜花는 밀가루가 서리처럼 희다고 하여 서리꽃으로 불렸다고 전해진다. 상화점은 고려 시대에 은밀하고 불륜한 장소로 변질되고, 상화 또한 둘이 붙어 있다는 뜻의 쌍화雙花로 불리게 된다. 고려 속요로 내려오는 쌍화점은 고려 시대의 문란한 성 풍속을 방증하는 것으로 고려 시대에는 아마 '라면 먹고 갈래?'가 아닌 '만두 먹고 갈래?'가 유행어였는지도 모를 일이다.

사신을 영접할 때의 절차와 각종 의식 등 제반 사항을 기록한 조선 시대의 책인 《영접도감의궤迎接都監儀軌》에 처음으로 만두가 소개된다. 중국에서 온 사신을 대접하기 위해 특별히 만두를 만들었다고 하며, 그 후에는 궁중의 잔치에서도 종종 차렸다고 한다. 쌀이 귀한 개성 이북 지방에서는 메밀로 만든 만두피를 이용하여 명절과 축일에 교자 형태의 만두를 만들어 먹었으며, 남쪽 지방은 쌀이 풍부했기에 가래떡을 만든 후 동그란 엽전 모양으로 떡을 썰어 떡국을 끓여 먹으며 부를 기원하였다. 조선 중기 한글로 기록된 가장 오래된 요리책 《음식디미방》에 메밀가루로 만든 만두피에 무나물과 꿩

고기를 소로 하여 만든 만두가 언급되는 것을 보면 조선 시대부터는 만두를 많이 먹었을 것이라 생각된다.

한국전쟁이 일어나고 실향민들이 남쪽 지역으로 내려오면서 서울 지역의 음식과 개성 이북 음식이 만나 새로운 유행을 만들어낸다. 1960년대 들어 실향민들의 영향으로 만두는 냉면과 함께 전국적으로 보급되었으며 차례상과 명절에 올리는 음식으로 인기를 끌기 시작하였다.


어릴 적에는 명절이면 여자들이 차례상을 차리며 만두소를 만들고, 남자들은 밤을 까고 만두피를 만들었다. 형들이 홍두깨로 만두피를 밀면 내가 동그란 밥그릇으로 만두피를 잘라내고, 형수와 누나들이 만두소를 넣고 모양을 내었다. 만두를 만드는 것은 시간도 많이 들고 힘든 일인지라 명절 이외에는 먹었던 기억이 없다.

1970년대 후반에 '슈퍼마켓'이 등장하면서 물류 혁신의 시대가 도래했다. 재래시장과 구멍가게에서 드라이아이스를 넣어 아이스크림을 보관하던 '하드 보관통'이 전기냉장고로 바뀐 것은 그야말로 일대 혁신이었다. 냉동 만두피를 처음 보고 '오! 이런 신기한! 이렇게 얇은 만두피를 만들 수 있다니!'하고 깜짝 놀랐었다.

매우 얇은 만두피가 겹쳐져 있어 절대 떨어지지 않을 것 같아

보였지만 낱낱이 잘 떨어졌고 맛 또한 손으로 만든 두꺼운 만두피보다 맛있게 느껴져서 나는 금세 얇은 만두피에 매료되고 말았다. 시판용 만두피가 생기고 나서부터는 집에서 만두를 빚는 일이 잦아졌다. 명절은 물론이고 손님이 오는 날, 심지어 복날에도 만두를 만들어 먹었다. 중·고등학교 시절 집에서 어머니가 해주셨던 손만두의 맛은 지금도 잊을 수가 없다.

하지만 기술의 발전이 급속도로 빨라지면서 냉동 만두가 판매되기 시작했고, 만두를 직접 빚어 차례상에 올리는 게 아무래도 쉬운 일이 아니다 보니 요즘은 집에서 만두를 빚는 풍경이 좀처럼 보기 힘들어졌다. 마트 중앙을 채우는 냉동고에는 모든 식품회사가 각 회사의 최고급 기술력과 좋은 재료들을 썼다고 광고하며 HMR<sup>가정용 대체식품</sup> 냉동 만두들을 출시하고 있는 것을 볼 수 있다. 모두 좋은 제품이겠지만, 때론 어릴 적 밀가루를 손으로 반죽하여 홍두깨로 편 두툼한 만두피로 만들었던 '집만두'가 그립다.

1980년대 경복궁과 청와대가 있는 곳이었기에 경비가 삼엄했던 삼청동과 안국동 일대가 2000년대에 들어서 새롭게 거듭나고 있으며 요즘은 종로의 북촌과 서촌이 새로운 명소로 부활했다. 근래에는 이 일대 곳곳에 새로운 거리가 생겨나면서 다시 젊음과 에너지가 모이기 시작하고 있다.

인사동에서 만둣국을 먹고 요즘 인기 있다는 익선동을 걸어본다. 구한말 새로운 도시형 뉴타운으로 지어진 한옥거리는 박정희 정권 시절 '오진암'이라는 요정이 있어 기생관광의 일번지라는 오명을 받으면서 70~80년대 발전의 시대에도 철저히 외면당했지만 지금 그 비좁은 골목길은 예전의 오명을 벗어 던졌다. 전통과 현대적 감각이 조화를 이루는 운치 있는 식당과 카페들이 입점하고 있으니 세상이 참 요지경이고, 유행은 돌고 돈다는 말을 실감하게 된다. 비좁은 골목을 걸으며 차 한잔 마실 곳을 찾아보다가 1900년대 초반에 지어진 듯한 한옥 카페에 들어갔다. 요즘 유행하는 북유럽 분위기가 아닌 구한말의 정취가 물씬 풍기는 곳이었는데 아늑한 분위기가 참 좋았다. 왠지 빈티지한 장소는 마음을 편안하게 해주는 마법이 있는 것 같다.

스마트폰도 인터넷도 없던 시절, 손편지로 마음을 전하던 아련한 시절에 만나 지금까지 내 곁에 머무르며 함께 차를 마셔주는 아내에게 참 고맙다.

불의 선물,
삼겹살

그리스 신화의 프로메테우스는 제우스로부터 불을 훔쳐 인간에게 가져다준 영웅으로 표현된다. 프로메테우스는 제우스의 명을 받아 인간을 창조하였는데, 신화에 따르면 인간뿐 아니라 동물을 창조하기도 했다. 그의 동생인 에피메테우스는 동물들에게 날개와 발톱 등 살아가는 데 필요한 능력을 하나씩 선물해주었는데, 이것저것 막 나누어 주다 보니 인간에게 줄 선물이 남지 않았다고 한다. 인간을 가엽게 여긴 프로메테우스는 신의 영역인 불을 인간에게 훔쳐다 주기에 이르고, 그로 인해 제우스의 분노를 사게 되어 제우스의 신조인 독수리에게 영원히 간을 뜯어 먹히는 벌을 받는다.

신화에서처럼 불은 인간에게 만물의 영장으로서의 권력을 가져다주는 신성한 것이 된다. 지구상에 오직 인간만이 불을 다스리고, 불을 사용해 철을 생산하고, 요리해 먹고 있으니 프로메테우스에게 감사할 뿐이다.

##  아시아의 돼지고기

동아시아 지역의 경우 한국과 중국 두 나라 모두 돼지고기를 기피하는 경향이 있었으나 중국은 15세기 들어 돼지고기를 먹기 시작하고, 우리나라는 근대에 이르러서야 돼지고기를 많이 먹게 된다. 이는 한의학에서 돼지고기를 기피하는 경향이 우리나라 사람들에게 돼지고기는 좋지 않은 고기라는 인식으로 퍼졌기 때문이다.

고려 시대 때는 불교의 영향으로 우리나라도 일본과 비슷하게 육식을 금하는 풍속이 있었으나, 조선 시대에 들어 불교문화가 축소되고, 유교문화가 번성하게 되면서 육식을 금하는 문화는 완전히 사라졌다. 하지만 소고기를 선호하던 우리 조상님들의 식성 때문에 돼지고기는 인기 있는 음식으로 여겨지지 않았다. 그도 그럴 것이 풀을 먹고 반추를 하여 소화시키는 소와 달리, 돼지는 고기 1kg을 생산하기 위해 4kg의 곡물 사료를 필요로 하니, 사람 입으로 들어갈 곡물을 찾기에도 버겁던 시대에 돼지를 키우는 건 그다지 매력적인 일이 아니었을 것이다. 우리나라의 토종 돼지인 '지례돈'은 몸집이 작고 살도 많지 않아 성장 후 도축을 해도 수율이 높지 않았기 때문에 고기를 얻기 위한 가축으로 기르기에는 부적합했다. 또한 다 일궈 놓은 밭을 멧돼지가 망쳐 놓거나 어두운 산길에서 백성들을 공격하는 경우도 있었기에 그 당시 사람들은 멧돼지를 고약한 동물로 인식했다.

조선 시대 《태종실록》의 '명나라 황제가 조선인은 돼지고기를 먹지 않으니, 조선의 사신에게는 쇠고기와 양고기를 공급하라고 했다.'는 기록은 조선 시대 때 돼지고기가 얼마나 인기 없는 품목이었는지를 알려준다.

아주 옛날부터 먹어 왔다고 생각하지만 정작 삼겹살을 먹기 시작한 것은 1980년대 초반부터이다. 삼겹살이 우리나라의 식탁에 오르기까지는 우리의 주거 환경과 식생활, 육류 유통의 시대적 격변을 거쳐야 했다. 예로 온돌을 중심으로 하는 우리의 부엌은 고기를 구워 먹기에는 부적합한 구조로 되어 있다. 가마솥은 구워 먹는 것보다는 고기를 삶아 먹거나, 국을 끓여 여러 식구가 나누어 먹는 문화에 더 적합했던 것이다. 유럽이 벽난로를 통해 빵을 구워 먹고, 로스팅 문화를 발전시켜 왔듯이 말이다.

## 휴대용 가스버너의 등장과 삼겹살의 대중화

1970년대에 우리나라로 옥수수 사료가 수입되었다. 아침부터 저녁까지 차를 타고 달려도 끝이 없는 미국 중남부의 광활한 옥수수 밭에서 생산되는 어마어마한 양의 옥수수는 전 세계인의 풍요로운 식탁에 오르는 소와 돼지의 사료원이 되어 우수한 품질의 돼지고기를 식품산업의 중심으로 이끄는 동력이 된다. 옥수수는 실상 인간의 식재료로 소비되기보다는 콜라와 음료수의 단맛을 내는 액상과당과 가축 사료의 주원료로 소비되는데, 옥수수 사료가 우리나라에 수입되면서 양돈협회가 생길 정도로 돼지고기의 유통이 활발해졌고 돈육이 일반 가정에까지 보급되었던 것이다.

외화벌이와 수출이라면 부녀자들의 머리까지 잘라 가발을 만들어 팔던 그 시절, 양돈산업 육성으로 인해 돈가스를 좋아하는 일본에 돼지 등심과 안심을 수출하게 되고, 소갈비의 대체재로 양념된 돼지 갈빗집이 생기기 시작했으며, 앞다리와 뒷다리는 돼지 불고기와 김치찌개용로 팔려나가기 시작했다. 또한 육류 부산물이 풍부해지자, 감자탕과 순댓국집도 날로 늘어나기 시작했다.

70년대 후반 도시화가 시작되고 수많은 사람이 수도권으로 몰려들면서 서울은 점점 과밀화된 도시로 발전한다. 아파트와 빌라도 없던 그 시절 시골에서 상경한 사람들은 일반 주택에서 셋방살이를 했다. 방 하나에 한 가정을 이루는 핵가족 시대가 열리기 시작한 것이다. 셋방살이를 하더라도 꼭 하나쯤은 있어야 했던 쌀통라이스 박스과 석유곤로스토브는 그 시절의 풍경을 떠올리게 하는 물건이다. 당시로써는 작은 방에 석유곤로를 놓고 삼겹살을 구워 먹는 것은 상상할 수 없는 일이었고, 마당 한편이나 작은 부엌에서 김치찌개를 보글보글 끓여 와 밥상에서 먹고는 했다. 힘들고 고단했지만 이제는 그저 정겹게 느껴지는 날들이다.

1980년대에 들어서면서 삼겹살은 일약 우리나라 식탁의 중심에 서게 되었다. 대한민국의 비약적인 발전은 도시문화 즉, 아파트와 빌라로 대변되는 도시 생활 문화를 만들어낸다. 주방기구 하드웨어의 혁명인 가스레인지와 전기밥솥이 우리 생활로 들어오고, 휴대용 가스버너인 한국 후지카의 '부루스타'와 우리나라의 토종 브랜드인 라니 선 버너 등이 등장한다. 가정에서 고기를 구워 먹는 '로스구이'가 유행처럼 번지면서 오리고기도 인기를 끌었지만 삼겹살이 최후의 승자가 되었다.

휴대와 사용이 간편하여 가정에서부터 캠핑까지 두루 사용되며 주방 하드웨어의 혁명을 이끈 휴대용 가스레인지는 삼겹살을 전 국민의 가장 인기 있는 메뉴로 등극하게 만들었다. 외식업의 측면에서도 가스레인지가 없던 시절, 식당에서 연탄불이나 숯불에 삼겹살을 직화로 구워 먹는 것은 쉽지 않은 일이었는데, 장사가 잘 안되는 식당에서도 부루스타와 불판만 들여놓으면 삼겹살을 팔 수 있게 되니 많은 식당이 주메뉴 이외에 삼겹살 구이도 함께 팔아 틈새시장을 노리기 시작했다.

　외식업계에 휴대용 가스버너가 보급되고 나서 삼겹살은 퇴근 후 소주 한잔 하는 직장인들의 단골 메뉴가 되었다. 대중적인 인기로 인해 온 가족이 둘러앉아 쌈과 함께 맛있게 즐기는 '삼겹살 데이'도 탄생한다. 삼겹살은 이제 '치맥'과 함께 대한민국을 대표하는 메뉴임과 동시에 명실상부 우리나라 음식문화의 아이콘이라 할 수 있다.

# Menu

쌀국수의 슬픈 세계화

아보카도의 인기는 현재 진행형

비극과 열정의 단어 '디저트'

바닷가재 먹기 싫어요!

카사노바가 사랑한 굴

오징어는 할랄푸드? 코셔푸드?

네 접시

사연 없는
음식 없다

## 쌀국수의 슬픈 세계화

비 개인 후 미세먼지 하나 없는 화창한 날, 기온도 적당하니 참
으로 기분이 좋은 토요일이다. 봄 남방 소매 접어 올려 입고 명동으
로 향한다. 늦은 점심으로 메뉴를 고르는데, 명동 칼국수를 필두로
하동관, 함흥면옥이 보이고, 중국대사관 옆 중식당들과 최근 좋아
하게 된 심슨탕<sup>부대찌개</sup>집까지 있으니 무엇을 먹어야 할지 고를 수가
없다. 어디로 가야 하나 고민하다가 아내가 갑자기 쌀국수가 먹고
싶다 하여 베트남 쌀국수집으로 향한다. 가정의 화목을 위해서는
아내의 말을 듣는 것이 최고다.

**'베트남'은 어떤 나라인가?**

인구 1억의 위상을 자랑하는 인도차이나의 성장하는 국가이자 우리나라 기업들이 해외 생산 기지로 이주하는 곳이 바로 베트남이다. 최근 여행지로 급부상 중인 다낭, 베트남 전쟁, 아오자이, 쌀국수, 월남쌈 등이 우리나라에도 널리 알려져 있다. 게다가 최근 박항서 감독이 베트남 축구에 변혁을 일으키면서 베트남과 한국의 친근함이 배가되었다. 이러한 친근함에는 이유가 있다.

베트남을 자세히 살펴보면 우리나라와 많이 닮아 있음을 알 수 있다. 동남아 국가라고 하면 불교국가라고 생각하기 쉽지만 베트남은 우리나라처럼 뿌리 깊은 유교 문화권 국가이며 교육과 학구열이 남다른 한자 문화권의 국가이다<sup>학구열 높은 것으로는 빠지지 않는 나라가 우리나라와 베트남이다</sup>. 중국의 침략을 시시때때로 받아 중국을 보는 시선이 곱지 않으며, 길다란 국토 때문에 통일이 되는 데 많은 시간이 필요했던 나라였다. 열강의 시대에는 프랑스의 식민 지배를 받았으며 1940년대 프랑스의 아시아 지배권이 약해지자 일본으로부터 침략을 받아 2차 세계대전이 끝날 때까지는 잠시 일본의 영향 아래 있기도 했다. 2차 세계대전 후 베트남 남북 간의 이념 분쟁으로 인해 월남전이 일어나기도 했다. 고대로부터 근래까지도 독립과 자주를 위해 끓임 없이 투쟁을 이어 나갔을 정도로 역사의 부침이 길었다.

왠지 우리나라의 역사를 보고 있다고 생각될 정도로 비슷한 역사적 경험을 가지고 있는 나라이기도 하다.

##  메콩강의 축복, 베트남 요리

베트남의 음식은 태국, 중국의 음식과 함께 아시아 3대 음식에 속할 정도로 다양한 종류와 맛을 자랑한다. '쌀국수pho'와 '월남쌈goi cuon', 월남쌈 튀김인 '짜조cha gio'와 요즘 인기가 높아지고 있는 '분짜 bun cha', '반미bhan Mi 샌드위치' 등 우리나라에서 인기 있는 메뉴들도 많다.

메콩강 하류의 고온다습한 기후 덕분에 연중 삼모작을 할 수 있는 '쌀의 천국' 베트남에서 쌀과 관련된 여러 종류의 음식이 탄생한 것은 당연한 이치인지도 모른다. 동쪽의 넓은 바다와 동남아시아의 축복이라는 메콩강 하류를 끼고 있는 덕분에 민물 생선을 포함한 해산물이 많아 '느억맘'이라고 불리는 액젓이 만들어지는데, 이 느억맘은 베트남 음식의 기본 조미료로서 베트남 요리 특유의 맛을 선사해 준다. 우리나라 사람의 입맛에는 동남아시아의 어느 국가보다도 베트남 음식이 잘 맞는다고 한다. 이는 같은 '젓갈' 문화를 공유하고 있기 때문일 것이다. 프랑스의 영향으로 만들어진 것으로 보이는 반미 샌드위치는 베트남식 바게트에 고기와 채소 등의 여러 가지 재료를 넣어 만드는 음식으로 '세계 길거리 음식 베스트 10에' 꼽힐 정도로 유명하여 전 세계로 퍼져 나가고 있다.

베트남에서는 '호 아저씨'라고 불리는 호찌민이 프랑스에서 독립운동을 하던 시절에 '요리의 왕'이라 불리는 '오귀스트 에스코피에'에게 사사했을 정도로 프랑스와 베트남 음식은 역사적으로 관계가 깊다.

##  쌀국수의 슬픈 세계화

베트남 음식이 세계화된 것에는 불행한 역사가 숨어 있다. 1945년 제2차 세계대전이 종전되고 대부분의 국가가 그랬듯이 베트남도 프랑스령에서 독립을 하는 듯하였으나 승전국 중 하나였던 프랑스는 다시 베트남의 지배권을 주장했다. 이에 호찌민을 비롯한 베트남 민족주의자들이 독립전쟁을 벌였고 1954년 프랑스와의 8년간의 전쟁 끝에 북쪽 베트남의 호찌민이 승리했다. 이것을 제1차 인도차이나 전쟁이라고 한다. 이후 공산주의의 확대가 두려웠던 미국은 1960년부터 1975년까지 북부 베트남의 호찌민과 전쟁을 벌인다. 우리가 익히 아는 '월남전<sub>제2차 인도차이나 전쟁</sub>'이다. 1975년 7월, 끈질긴 저항 끝에 '세계의 경찰'이라 불리는 미국이 물러나고 북베트남이 승리하며 베트남 인민공화국을 탄생시킨다.

전쟁의 승리는 역설적이게도 베트남의 모든 것을 파괴했다. 미군은 미국의 종합화학업체인 다우케미칼과 농업생물공학 기업인 몬산토의 지원을 받아 열대 우림을 파괴할 수 있는 강력한 제초제 '에이전트 오렌지'를 개발한다. 1961년부터 1971년까지 미군은 열대 우림 속에 적이 숨지 못하도록 이 고엽제를 사용한다. 베트남전쟁이 벌어진 동안에 약 7천 5백만 리터의 에이전트 오렌지가 살포되었으며, 특히 메콩강 삼각주 지역의 밀림을 파괴하기 위해 살포된 고엽제로 베트남 농촌 지역이 황폐해졌고 사람과 생물 모두가 질병과 선천적 기형으로 고통받게 된다.

이로 인해 쌀농사가 불가능할 정도로 베트남 대부분의 곡창지대가 망가져 베트남인들은 1980년대까지 기아로 허덕이게 된다. 2011년에 시행된 검사에서 베트남의 일부 지역에서는 여전히 국제 허용 기준보다 100배 이상 많은 다이옥신이 검출되고 있다고 하니, 생물학 무기는 인류에게 있어 핵무기 못지않은 재앙이라 생각된다.

베트남전쟁을 통해 수많은 베트남인이 선박을 이용해 해로로 탈출을 하면서 '보트피플'이라는 단어를 탄생시키기도 했다. 전쟁이 끝날 무렵 남베트남에 남아 있던 상류계층과 반공주의자, 그리고 미국에 협조하던 남베트남인이 해외로 망명하기 시작하여 1970년대부터 1980년대 중반까지 약 100만 명의 사람들이 베트남을 떠난 것으로 추정된다. 베트남에서 2천km가 넘는 항로를 떠돌아 기적처럼 호주에 당도한 이들도 있었고, 우리나라에도 부산 난민보호소를 설치할 정도로 피난민이 모여들기도 했다.

피난을 떠난 약 100만 명의 베트남인들이 미국과 호주, 뉴질랜드에 망명을 신청하여 이국땅에 정착했다. 타국에 정착한 초기 이민자들에게 허락되는 일은 보통 허드렛일과 음식 장사 정도였기에 많은 베트남인들이 베트남 음식점을 오픈하기 시작했다. 그러한 노력 끝에 미국 캘리포니아주 오렌지카운티의 베트남인 거주 지역인 리틀 사이공에서 쌀국수가 유행하면서 점차 미국인들에게도 베트남 음식이 알려지기 시작한다.

프랜차이즈의 나라인 미국은 아시아인들이 좋아하는 쌀국수를 브랜드로 만들기 시작하는데, 우리나라에 베트남 쌀국수를 처음 소개했던 '포호아Pho Hoa'를 글로벌 브랜드로 론칭하여 세계 최대의 베트남 쌀국수 브랜드로 성장시킨다. 베트남전쟁이 없었다면 베트남 음식이 캄보디아나 미얀마 음식처럼 아시아 주변국의 음식 중 하나로 인식됐을지도 모를 일이다.

아보카도의
인기는
현재 진행형

저녁밥을 지으려고 쌀통을 열었더니, 전에 넣어두었던 아보카도가 'Hola!'하며 인사를 한다. 아보카도는 대표적인 후숙 과일로 수확을 한 후부터 익기 시작하는데, 쌀통은 아보카도를 후숙시키기에 가장 좋은 장소이다.

쌀통에서 잘 익어 검푸른 색으로 변한 아보카도에 칼집을 내어 반으로 가른다. 양쪽으로 나뉜 아보카도의 커다란 씨를 칼로 살짝 비틀어 빼내고, 악어가죽 같은 껍질을 벗겨내어 순수한 버터 같은 촉감이 나는 과육만을 얻는다. 아보카도는 가지런히 편으로 얇게 썰어서 뜨거운 밥 위에 올리고, 껍질 안의 알만 골라 파낸 명란젓을 아보카도 옆에 조심스럽게 놓는다. 여기에 참기름을 살짝 뿌리고, 간장 작은 술을 넣어 양념하면 아보카도 명란 덮밥이 완성된다.

여름날 뜨거운 불로 요리하기 귀찮을 때, 아보카도와 명란젓을 뜨거운 밥 위에 올리기만 하면 쉽고 간편하게 맛있는 한 끼 식사를 만들 수 있다. 입맛이 없을 때 식욕을 돋우기 좋고, 영양도 만점이라서 건강에도 좋은 최고 메뉴이다.

요즈음 우리나라에서도 아보카도의 인기가 한창이지만 전 세계적으로도 '아보카도'는 슈퍼푸드로 열광받고 있다.

 **'과일의 왕' 아보카도**

멕시코가 원산지인 아보카도는 중남미에서 '과일의 왕'이라고 불리기도 한다. 한 가지에서 두 개의 열매가 달리는데 그 모양이 마치 동물의 고환 같다고 하여 고대 아즈텍인들은 아후아카틀ahuacatl, 고환이라고 불렀다고 한다.

하나의 가지에서 쌍으로 열매를 맺기 때문인지는 몰라도 고대 아즈텍 문화에서는 다산의 상징으로 여겨졌으며, 최음제의 역할을 했다고 한다. 최음제는 '애프로디지액aphrodisiac'이라 하는데, 그리스 신화의 사랑과 미의 여신 아프로디테aphrodite에서 따온 말이다. 실제 아보카도에는 여러 가지 영양소가 골고루 들어 있고 남성 호르몬

의 생산을 돕는 비타민 B6를 다량 함유하고 있어 최음제의 역할을
충실히 했을 것으로 보인다.

중남미에서는 아보카도를 5000년 전부터 작물화하여 채집이
아닌 수확의 개념으로 경작하였다고 한다. 아보카도는 멕시코 요리
에서 옥수수, 고추와 함께 가장 중요한 열매로 여겨지며 생식으로도
많이 먹는데 '과카몰레guacamole'라는 '딥dip, 살짝 적시거나 담가 먹는 데
쓰는 소스' 형식으로 나초와 함께 먹는다. 멕시코에서는 우리나라의
김치와 비견할 수 있는 소울푸드로 자리 잡고 있다. 과카몰레의 맛
에는 묘한 중독성이 있어서 한 번 맛보면 '담배보다 끊기 힘들다'는
이야기가 있을 정도다.

아보카도는 풍부한 식이섬유를 함유하고 있으며, 스페인 정복
자들로부터 '숲에서 나는 버터'라는 칭송을 들을 정도로 불포화지방
산의 함량이 높다. 또한 눈 보호에 좋다는 루테인lutein과 비타민, 무
기질 등이 풍부하게 함유되어 있다. 아보카도의 거칠고 두꺼운 표
피가 악어가죽 같다고 하여 서양에서는 악어배alligator pear라고 불리
기도 한다.

아보카도는 대표적으로 하스hass와 푸에르테fuerte라는 두 가
지 품종으로 나뉜다. 하스 아보카도는 원예사인 루돌프 하스Rudolph
Hass가 처음으로 재배한 품종으로 자신의 이름을 붙여 판매하였다.

미국과 멕시코에서 가장 많이 재배되는 품종이다. 하스는 수확량이 뛰어나며 껍질이 두껍고 동그란 달걀 형태로 모양이 좋은데다가 과육이 풍부하고 맛이 좋다. 게다가 유통기한도 길어서 세계에서 상업적으로 가장 인기 있는 품종이다. 우리나라가 아보카도를 주로 수입하는 미국과 뉴질랜드산 아보카도 또한 대부분 하스 품종이다.

푸에르테 아보카도는 껍질이 얇아 과피를 벗기기 쉽다는 장점을 가지고 있어 한때 최고의 아보카도 품종으로 꼽혔지만 곧 하스 품종에게 왕좌를 양보하게 된다. 아이러니하게도 하스는 두껍고 울퉁불퉁한 껍질 덕분에 대량으로 적재하여도 과육이 손상될 위험 없이 운반이 가능하였는데, 유통과 수출에 유리하다는 점 때문에 하스 아보카도가 푸에르테 아보카도의 자리를 점차로 차지해 갔다. 현재 하스는 멕시코와 칠레에서 재배되어 전 세계로 수출되고 있다. 껍질이 두꺼운 하스의 또 하나의 장점은 농약으로부터 과육을 오염되지 않는 상태로 유지할 수 있다는 것이다. 미국 내에서는 유기농 아보카도를 구입할 필요가 없다고 할 정도라고 한다.


아메리카 대륙에서 들여온 대부분의 식물이 유럽에서 인기를 끌었지만, 아보카도는 철저히 외면되어 유럽에서는 인기를 끌지 못한다. 마찬가지로 미국에서도 아보카도의 확산은 매우 느렸다. 미국의 원예사 헨리 페린Henry Perrine이 1833년 플로리다에서 처음으로 아보카도를 심었으나 20세기 초반까지 아보카도는 상업적으로 인기 있는 작물은 아니었다. 왜냐하면 보수파 백인 미국인들이 최음제로 오랫동안 명성을 쌓아온 아보카도를 좋아하지 않았고, 히스패닉이 선호하는 과일이라며 무시했기 때문이다. 게다가 과일이라고 하기엔 당도가 떨어지는 것도 아보카도를 기피하는 이유 중의 하나였다.

아보카도는 1950년대가 되어서야 샐러드에 곁들여 먹기 좋은 건강 음식으로 자리 잡았으며, 이후 멕시코 음식이 인기를 얻고 대중화되면서 미국식 대중 요리의 필수품이 되기 시작했다. 1990년대, 자신의 제품을 판매할 수 있는 새로운 방법을 모색하던 미국 캘리포니아의 아보카도 농민들은 미식축구 슈퍼볼을 TV로 시청하면서 감자칩이나 나초를 과카몰레에 찍어 먹으며 열광하는 미국인의 이미지를 만들기 시작했다. 여기에 과카몰레의 샘플을 만들어 시식을 권하고 요리법을 전파하는 등 여러 방법으로 홍보를 한 결과 아보카도의 판매율 888% 증가라는 놀라운 성공을 거두게 되었다. 그것을 시작으로 불포화지방산으로 구성된 아보카도의 지방이 다이어트와 건강에 좋다는 것이 알려지면서 아보카도는 전 세계의 슈퍼푸드로 등극하게 된다.

우리나라에서 치맥을 먹으며 월드컵이나 야구를 보듯이 나초와 과카몰레는 미국의 국민 음식으로 자리 잡기 시작하였다. 2016년 슈퍼볼 결승전이 있는 날에는 미식축구 경기를 TV로 시청하는 미국인들이 단 하루 동안 4,700만kg 이상을 소비했는데, 대부분 과카몰레 형태로 소비했다고 한다. 이는 미국 아보카도 총소비량의 20분의 1에 해당하는 엄청난 양이다.

아보카도는 2000년대를 넘기면서 미국을 포함한 전 세계로 인기가 퍼졌는데, 1990년대의 미국 아보카도 시장에 비해 6배가 확대되었으며, 유럽을 비롯한 호주에서 아보카도 소비량이 폭발적으로 늘고 있다. 동아시아 지역도 예외는 아니라서 우리나라를 비롯한 중국과 일본의 아보카도 수입량도 놀라운 속도로 증가하고 있다.

'하스 아보카도 보드Hass Avocado Board'에 따르면 현재 중국의 아보카도 수입량이 2011년과 비교하여 1천 배 이상 늘어났다고 한다. 인기가 너무 좋아 아보카도가 공식 화폐로 통용될 수 있다는 농담이 있을 정도이니 중국에서 아보카도의 인기가 어느 정도인지 짐작할 수 있을 듯하다. 또한 이 보고서에 따르면 선진국뿐 아니라 개발도상국들도 건강식품에 대한 선호도가 높아지면서 오는 2026년까지 글로벌 아보카도 마켓이 확대될 것으로 예상된다.

## 아보카도의 인기는 현재 진행형

우리나라의 포털 사이트를 찾아보면 아보카도 고르는 방법과 조리법, 맛있게 먹는 법 등이 자세하게 소개되어 있고, 조그마한 슈퍼마켓에서도 아보카도를 판매하고 있다. 예능 프로그램에서 여자 연예인이 아보카도 명란 덮밥을 만들어 먹는 것이 화제가 되기도 하는 걸 보면 우리나라에서도 '꽤 인기 있구나!'하고 실감하게 된다.

그러나 아보카도가 큰 인기를 끌게 되면서 재배 지역의 생태계가 파괴되고 있다. 아보카도를 재배하기 위해 얼마나 많은 물이 필요할까? 아보카도 열매 하나를 키우기 위해선 약 320L이라는 어마어마한 양의 물이 필요하다. 이는 성인 160명이 하루 동안 마시는 양이다. 아보카도가 큰 인기를 끌게 되면서 그 수요를 감당하기 위해 재배 지역을 넓히기 위한 산림 파괴가 불가피해지고, 그 지역의 물이 고갈되는 악순환이 계속되고 있다. 환경 단체들은 이러한 점을 들면서 아보카도 소비가 멕시코에서 전나무 숲의 불법 삼림 벌채를 촉진하여 지역의 산림 생태계에 치명적인 악영향을 미치고 있다고 주장한다.

그래서 현대의 아보카도 농민들은 산림 황폐화를 방지할 수 있는 새로운 성장 기술인 고밀도 재배와 새로운 가지치기 기술 등을 사용해 물 사용량을 줄이고 있다. 물은 적게 쓰고 생산량은 높이는 기술들이 꾸준히 개발되어 맛있는 아보카도 생산이 생태계 파괴를 일으키지 않기를 바랄 뿐이다.


'農者天下之大本 농자천하지대본.'


고교 시절 배웠던 '농업은 세상 사람들이 살아가는 큰 근본'이라는 말을 나이가 드니 조금은 이해할 것 같다. 새로운 농업기술의 개발이 빅데이터 연구나 4차 산업혁명보다 더 절실한 것은 우리가 살아가는 데 절대적으로 필요한 안전한 먹거리가 더 우선이라 생각되기 때문인 듯하다.

비극과
열정의 단어
'디저트'

어릴 적에는 추석보다 떡국을 먹으면 한 살 더 먹을 수 있다는 설날을 더 좋아했다. 설날에 어른들이 주시는 세뱃돈으로 용돈이 풍성해지는 것은 덤이었다. 그러나 나이가 들고 나니 한 살 더 먹는 것의 무게가 달라져서 지금은 구정보다는 추석이 더 좋다. 선선한 가을, 갖가지 먹거리들이 넘쳐나는 수확의 계절인 추석은 설날보다 더없이 풍요롭다.

기름 냄새가 온 아파트 단지 안을 휘감고, 아랫집에서 올라오는 뭉근한 갈비찜 냄새와 아이들의 재잘거리는 소리가 추석이 왔음을 온몸으로 느끼게 한다. 집에서 밀린 드라마를 몰아보며 깻잎

전과 동태전, 고추전을 부치다가 맥주를 한 잔 마신다. 그리고 또 구석에 놓아진 밤을 까다가는 아내가 공을 들여 만든 식혜와 지인에게 선물받은 떡과 매작과를 디저트로 먹으니 정말 "더도 말고 덜도 말고 한가위만 같아라"고 하시던 어른들의 말씀에 공감하게 된다.

##  추수감사절의 디저트

전 세계에도 추수감사절과 같은 수확의 명절이 있고 그들만의 디저트가 있다. 북미와 유럽은 나라별 가을의 특산물을 중심으로 한 설탕과 생크림이 조합된 디저트가 인기다. 미국과 캐나다에서는 호박파이와 애플파이를 디저트로 먹고, 프랑스에서는 차가운 크림 커스터드 위에 유리처럼 얇고 바삭한 캐러멜 토핑을 얹어 내는 크렘 브륄레crème brûlée라는 인기 메뉴를 디저트로 먹는다.

이이탈리아에서는 추수감사절에 이탈리아식 아이스크림인 젤라토gelato를 즐기는데 우유, 달걀, 설탕과 천연 향미 재료로 만들어 신선하고 지방 함량이 낮은 것이 특징이다. 또 벨기에에서는 설탕과 누텔라를 듬뿍 뿌린 와플을, 독일에서는 초콜릿과 체리 생크림으로 장식된 블랙 포레스트 케이크black forest cake를 먹고, 호수에서는 초콜릿으로 감싼 스펀지케이크에 코코넛 플레이크로 뒤

덮은 레밍턴<sup>lamington</sup> 케이크로 달콤한 명절을 즐긴다. 한편 이슬람 문화인 터키는 유명한 터키쉬 딜라이트 중 하나인 얇은 페스트리에 견과류와 꿀을 덮은 바클라바<sup>baklava</sup>를 먹는다. 일본은 모찌<sup>찹쌀떡</sup>의 나라답게 경단을 꼬치에 찔러서 만든 '당고<sup>団子</sup>' 위에 조청을 바른 디저트가 추석 명절의 인기 있는 메뉴이다.

우리나라 고유의 디저트로는 예로부터 유명한 약과<sup>藥果</sup>를 들수 있겠다. 약과는 한과<sup>韓菓</sup>의 종류 중 하나로 약이 되는 과자라는 뜻에서 이름이 붙여졌다 한다. 고려 시대 이래 왕족과 귀족의 디저트로 각광받다가 점차 통과의례나 명절, 잔치, 제향<sup>祭享</sup> 때의 필수 음식이 되었다. 유밀과<sup>油蜜果</sup>의 최우선 덕목인 정성이 가득 들어간 고급과자로 지금까지도 널리 사랑 받고 있는 우리나라의 전통 과자이다. 서울 인사동에서 파는 '꿀 타래'도 요즘 눈에 띄는 디저트 중 하나인데, 꿀 타래는 우리나라의 전통과자가 아니라는 것이 학계의 정설이다. 용의 수염이라고도 불리는 꿀타래는 본디 중국의 용수당<sup>龍鬚糖, 용의 수염 사탕</sup>에서 기원했기 때문으로 여겨진다. 그러나 우리나라에 들어와 정착된 지 이미 30년이 넘은 '꿀타래'는 한국화되어 가고 있다.

**달콤함에 대한 갈망**

생크림과 설탕의 조합인 유럽의 디저트와는 달리 아시아 지역에서는 쌀로 만든 떡에 조청<sup>쌀을 이용하여 만든 맥아당</sup>을 가미하는 것으로 단맛의 갈망을 채웠다. 설탕이 없던 시절 단맛을 느낄 수 있는 방법으로는 세 가지가 있었는데, 꿀벌의 벌집에서 나오는 꿀, 과일에서 나는 단맛인 과당, 탄수화물에서 나오는 녹말을 분해하여 만드는 조청류의 엿당이 그것이다.

유럽은 과일을 설탕 시럽에 천천히 조려서 만드는 콩포트나 말린 과일을 이용하여 단맛을 충족하였고, 쌀밥을 주식으로 하는 아시아에서는 '맥아당'이라는 이당류의 당원을 얻었다. 식혜와 조청이 그 대표적인 음식이다.

조청과 식혜를 만들기 위해서는 고두밥을 먼저 만들어 놓은 다음 엿기름이라고 불리는 전분 분해 효소<sup>starch degrading enzyme</sup>를 첨가한다. 엿기름에는 디아스타아제<sup>diastase</sup>라고 불리는 전분 분해 효소가 포함되어 있다. 엿기름은 보리를 발아시킨 발아보리로 '맥아'라고도 불린다. 맥아는 맥주의 원료로 사용해 당화와 발효의 과정을 거치면 성분이 알코올로 변화해 맥주가 되고, 식혜를 만들 때 사용하면 당화를 돕는 역할을 하여 단맛을 내도록 도와주기도 한다. 식혜의 밥알을 건져내고 단물만 가마솥에 부어 하루를 꼬박 졸이면 식혜의 단맛이 응축된 조청이 완성된다.

어릴 적 추운 겨울 부뚜막에서 가래떡을 구워 조청에 찍어 먹었던 맛은 이제 어렴풋하지만 내게는 단맛에 대한 가장 원초적인 기억으로 남아 있다.

##  비극의 시작, 설탕 농장

인도는 사탕수수sugar cane의 원산지로 사탕수수물을 추출하고 정제하여 설탕을 만드는 최초의 기술을 가지고 있었다. 인도에서 생산된 설탕은 의료용 약품으로 쓰이거나 감미료로 사용되었다. 기원전 510년 페르시아의 다리우스 1세가 인도를 점령하면서 사탕수수를 발견하고는 '벌이 없는 꿀'이라고 칭했고, 그 후 사탕수수에서 추출된 설탕은 페르시아의 수출품이 되어 단맛의 '비밀'을 오롯이 간직한 귀한 감미료가 된다.

7세기경에 아랍이 번성하면서 설탕 제조의 비밀이 아랍문화로 흡수되었다. 사탕수수 재배는 이슬람문화와 함께 북아프리카와 스페인에 수출되었으며, 이후 설탕 제조 기술은 11세기 십자군 전쟁으로 인하여 아랍에서 유럽으로 퍼지기 시작했다. 사탕수수에서 추출된 설탕물을 고열로 정제한 후 고체 형태로 가공해 엄청난 가격으로 유통했는데, '돌 꿀stone honey' 또는 기분이 좋아지는 '기적의 마약'으로 불리며 약용으로 거래되었다.

유럽인들은 11세기 무렵 중세 시대에 들어서서 설탕을 제조하기 시작했고 이때부터 달콤한 디저트가 등장했다. 그럼에도 불구하고 설탕은 너무 비싸 부유층만이 소비할 수 있는 아주 귀한 조미료였다.

15세기, 동유럽에 이슬람 강대국인 오스만 제국이 등장한다. 인도가 원산지인 설탕의 교역로가 막히자 포르투갈의 헨리 선장은 사탕수수를 재배할 새로운 지역을 물색하기 시작했다. 그렇게 발견한 곳이 바로 현대의 세네갈과 코트디부아르, 그리고 가나 지역으로 사탕수수를 재배하기에 적합한 적도 지역이었다. 그것은 서아프리카 흑인들에게 있어서는 비극의 서막이었다.

1444년 포르투갈의 해적단은 235명의 서아프리카인을 납치하여 스페인의 남서부 지방인 세비야에 노예로 팔았다. 유럽인들에게는 사탕수수 농장의 발견도 중요했지만, 사탕수수를 재배하기 위한 엄청난 노동을 견딜 수 있는 건장한 노동력이 필요한 시기였기에 그 노동을 감당할 수 있는 노예를 얻은 것도 매우 중요한 일이었다. 당시 인종에 대한 의식조차 없던 유럽인들은 흑인을 사람으로 보지 않았고 그저 사탕수수를 얻으러 간 길에 덤으로 노예를 얻은 것 정도로 여기며 노예무역을 시작한다.

이후 1452년, 교황 니콜라스 5세는 교황 칙서 '둠 디베르사스 Dum Diversas'를 선포하고 기독교인이 아닌 사람들을 노예로 삼을 수 있는 법을 만드는데, 이것은 노예무역에 날개를 달아 주는 격이 되었다. 이 칙령은 하나님이 누구인지도 모르는 흑인들을 노예로 만드는 것을 합법화시킨 인류 최대의 악법으로 기록되고 있다.

1492년 크리스토퍼 콜럼버스가 카리브해에 도착하는데 그것은 곧 인류 최대의 발견이라는 아메리카 대륙의 발견을 의미하는 것이었다. 이후 스페인은 중남미 아메리카 대륙에서도 설탕을 재배하기 시작하지만 유럽인들은 설탕을 재배하는 노동력으로 남아메리카의 '원주민'이 적합하지 않다는 걸 깨닫게 된다.

《총, 균, 쇠 guns, germs and steel》의 저자인 재레드 다이아몬드의 지적대로 유럽에서 온 천연두 등의 병원균들로 인해 남아메리카 인구가 멸종에 가까울 정도로 줄었기 때문이다. 이에 유럽인들은 설탕 농장에서 노동을 할 새로운 노예들이 필요하게 되었다. 마침 그런 상황에 합법화된 대서양 노예무역의 식민지 노예 제도는 유럽인들에게 경제적 자유를 가져다줄 최고의 기회가 되었고 눈앞의 이익에 혈안이 된 유럽의 여러 국가가 설탕 노예무역에 가담한다.

그 사이 유럽의 패권은 포르투갈에서 스페인으로, 스페인에서 프랑스와 영국으로 이어지게 된다. 하지만 패권만 바뀌었을 뿐 남아메리카 사탕수수 농장의 흑인들의 처우에는 변화가 없었고 유럽인들은 유럽의 부를 지탱하기 위해 노예시장을 유지시켜 나간다. 노예시장이 확대되어 갈수록 더 많은 노예가 서아프리카에서 잡혀와 아메리카로 이동하였고 더 많은 노동력이 투입되자 설탕의 생산량이 늘어나 커피와 코코아, 차의 시장이 크게 확대되었다. 그로 인해 더 많은 설탕이 필요하게 되고, 다시 더 많은 아프리칸 노예들이 필요하게 되는 악순환이 계속되었다.

특히 프랑스의 설탕 재배지에서의 노예제도는 가장 혹독하였는데, 많은 아프리칸 노예들이 카리브해에 도착하기 전에 사망했으며, 식민지에 도착해서 죽을 때까지 착취당하기 때문에 도착한 후의 평균 수명은 5년 미만이었다고 한다. 프랑스에서의 설탕으로 인한 경제적 호황이 아프리카 흑인들에게 있어서는 역사상 최악의 비극이었던 것이다. 아이러니하게도 설탕이 싼 가격에 공급되기 시작하자 과일과 꿀 정도가 주재료였던 당시 프랑스의 디저트가 놀라운 발전을 맞이하게 된다.

왕의 요리사라고 불리던 앙토넴 카렘Marie Antoine Carême을 필두로 수많은 프랑스의 파티시에들이 설탕을 이용하여 새로운 디저트와 패스트리들을 선보인다. 루이 14세 때부터 루이 16세까지의 시기에 프랑스 음식문화의 대변혁기라 칭해질 만큼 큰 변화가 일어난다. 대략 100년의 세월 동안 프랑스 음식은 엄청난 속도로 발전하게 되어 루이 16세는 루이 14세가 먹었던 음식을 상상조차 할 수 없을 정도였다.

우리가 사용하는 디저트<sup>dessert</sup>라는 말은 '식탁을 치우다'라는 프랑스어 단어 'desservir'에서 유래되었다. 이 말은 17세기에 처음으로 메인 코스 후에 과자를 제공할 때 사용되었으며, 식사 후에 과일이나 치즈를 먹는 관습이 설탕을 이용한 디저트를 먹는 관습으로 변하면서 이 말이 정착되었다.

남아메리카 설탕 농장의 비극과 프랑스 파티시에의 열정이 만들어낸 '디저트'에는 화려한 만큼이나 가슴 아픈 역사가 숨겨져 있다. 그에 비해 아시아의 디저트들은 타 인종의 피와 땀으로 얼룩진 역설의 달콤한 맛이 아니었다는 점이 다행으로 여겨진다.

우리가 흔히 알고 있는 해산물과 달리 바닷가재는 특이한 신체 구조치아가 위장에 있다든가 머리에 신장이 달려있다든가 하는 것 등를 가지고 있다. 단단한 탄산칼슘으로 이루어진 껍질을 가진 외골격 생물이 자 절지동물문 갑각류에 속하는 수산물로써 사실 외관만 보아서는 먹음직스럽다는 느낌을 주거나 군침을 돌게 만들지는 않는다. 오히려 개체 수가 많아지면 서로를 죽이는 행위인 카니발라이제이션 cannibalization, 동족 식인을 벌인다는 특징을 가지고 있기도 하다. 그래서 살아있는 바닷가재가 많은 수족관이나 어항에서는 바닷가재의 집게발을 고무줄로 묶어 놓는다.

우디 앨런 감독의 1977년 영화 〈애니 홀〉에서 살아있는 바닷가재를 무서워하는 두 주인공이 주방을 난장판으로 만들면서 즐겁게 요리를 하는 장면이 있는데, 나는 바닷가재 조리수업에서 이 영상을 '저렇게 요리하면 안 된다'라는 반면교사의 한 예로 활용하고 있다. '바다의 바퀴벌레'라는 별명을 가진 바닷가재를 무서워하는 학생들이 있어 조리실습실에서 영화 〈애니 홀〉이나 〈줄리앤 줄리아〉의 끔찍한 바닷가재 요리 장면이 가끔 연출되기 때문이다.

유학 시절 나는 해산물 식당에서 바닷가재 요리들을 원 없이 조리해본 경험이 있기 때문에 바닷가재 요리는 특히 친숙한 편이다. 하지만 2kg 이상 나가는 팔뚝만 한 크기의 바닷가재들은 발버둥 치는 힘이 굉장히 세기 때문에 조리할 때 목장갑과 고무장갑 등 안전장비를 착용하고 조리해야 한다. 그렇지 않으면 손을 베기가 십상이므로 특별히 안전에 신경을 써야 한다. 요즘에는 냉동 바닷가재가 많이 수입되기 때문에 살아있는 바닷가재를 도살하고 반으로 가르는 번거로운 과정을 생략할 수도 있다.

일반적으로 우리가 음식을 할 때 주방에서 도살해야 하는 경우는 거의 없다. 육류는 도살된 후 해체된 부분 육을 마트에서 살 수 있고, 해산물 역시 깨끗하게 정리된 것을 살 수 있다. 하지만 이렇게 포장 처리된 재료와 달리 살아있는 바닷가재는 주방에서 꿈틀꿈틀

기어 다니기도 하거니와, 집어 들 경우 힘 좋은 허리를 꿈틀거림으로써 처음 바닷가재를 요리하는 사람들을 놀라게 만든다.

살아있는 바닷가재를 손질하기 위해서는 일단 머리를 칼로 쪼개어 뇌사를 시키고 끓는 물에 집어넣어 살을 익혀야 하는데, 절지동물의 특성상 뇌사와 상관없이 각각 독립된 신경절이 꿈틀거리기 때문에 살아있는 것이 아닌지 의심을 하게 만든다.

이런 논란들 때문에 '바닷가재를 죽이는 가장 인간적인 방법은 무엇인가?' 혹은 '고통 없이 바닷가재를 죽이는 방법' 또는 '인도주의적으로 가재를 죽이는 방법' 등이 연구되고 있다. 어찌 되었든 바닷가재 입장에서는 본인이 죽는 방법이라 반길 만한 소식은 아닐 듯하다. 갑각류는 '신경계가 존재하나 대뇌피질이 없어 고통을 못 느낀다'부터 갑각류는 산채로 끓는 물에 넣으면 '우리가 상상하지 못하는 어마어마한 고통 속에서 죽어간다'까지 여러 가지 가설이 난무하고 있다.

일반적으로 바닷가재를 요리하기 전에 눈과 눈 사이에 칼집을 내어 뇌사를 시킨 후 조리작업에 들어가거나 냉동실에 30분간 넣어두어 동사를 시킨다.

## 바닷가재의 역사

바닷가재의 요리법은 로마 시대에서부터 전해 내려오고 있으며, 영국 해안가 지방의 식자재로도 쓰였다는 기록이 있다. 유럽인들에게는 지중해와 북유럽 해안가의 마을에서 잡히는 해산물로, 르네상스 시대의 플랑드르파※의 정물화에서 보일 정도로 친숙한 식자재이다.

현대의 가재 요리는 최고급 요리로 인식되며 수산 단백질군의 상위 위치를 차지하고 있다. 하지만 유럽에서 귀한 대접을 받던 바닷가재는 식민지 시절의 아메리카 대륙에서 운명이 바뀌게 된다. 유럽인들이 초기 미국에 정착하던 시절, 메인주의 바닷가재는 천적이 없는 환경에서 자라났기에 생산량이 넘쳐났다. 당시 북아메리카의 인디언들은 바닷가재를 구워 먹기도 했지만 물고기를 잡기 위한 미끼나 농작물의 비료 등으로도 사용할 정도였다.

미국 동부에서는 바닷가재가 너무나 풍족했기에 초기 미국 식민지 정착민들에게 그리 인기 있는 식재료가 아니었다. 특히 물에 삶거나 찌기 직전의 바닷가재의 색과 모양은 미각적으로 호감을 주기보다는 오히려 이상하게 보였기 때문이다. 검푸른 파란색의 절지류 거미처럼 생겼기 때문에 '바다의 바퀴벌레'라는 별명을 얻을 정도였다lobster의 어원인 loppe는 영어의 고어로 '거미'를 뜻한다.

특히 미국 식민지 시절 바닷가재는 풍부한 생산량으로 인해 값이 싸서 노예들의 식량으로 사용되었고, 독립 전쟁 때는 포로로 잡힌 영국 군인들을 위한 식량 자원으로 활용되었으며, 가난한 사람들조차도 닭이나 돼지의 사료로 주었기 때문에 랍스터를 먹는 행위는 빈곤을 상징하는 것과 같았다. 매사추세츠주의 노동 계약서에는 '일주일에 3번 이상 랍스터를 배식으로 주지 않는다'라는 말이 명기될 정도로 사람들이 랍스터를 기피했다고 한다.

하지만 1800년대 중반에 들어서자 상황이 바뀌기 시작한다. 미국 내륙의 사람들에게는 바닷가재가 생소하기도 하거니와, 통조림 기술의 발달로 인해 '랍스터 통조림'이라는 새로운 식품이 등장하여 사람들의 이목을 끌면서 바닷가재가 새로운 유행을 일으키게 된다. 1870년대 미국 23개의 통조림 공장에서 연간 200만 개의 랍스터 통조림이 생산될 정도로 인기를 끌면서 미국 내륙의 새로운 해산물 단백질 공급원으로 부상하기 시작한다.

미국의 철도가 속속들이 개통되고 미국 동부의 새로운 식사 메뉴로 바닷가재가 등장하게 된다. 기차 여행에서 바닷가재 통조림은 인기 메뉴였고, 부유한 사람들은 동부에 가서 랍스터를 통조림이 아닌 정식 메뉴로 즐기기 시작한다. 그리고 냉동 운송 기술의 발달에 따라 바닷가재는 시카고와 세인트루이스 등으로까지 진출한다. 통조림과 고급 해산물 메뉴의 재료로 사용되어 수요가 늘어나면서 바닷가재의 가격은 점점 높아지기 시작하여 1차 세계대전 무렵에는 고급 음식의 반열에 올라 오페라를 관람한 후 먹는 늦은 저녁 정찬의 위치에 오르기도 했다.

하지만 대공황 시절이 오자 바닷가재의 소비가 극도로 줄어들었고 그에 따라 공급이 넘쳐나던 바닷가재는 다시 가난한 자들의 음식으로 추락하고 만다. 당시 바닷가재 생산지였던 미국 메인주에서는 바닷가재로 샌드위치를 싸 가는 것이 자신의 빈곤을 노출하는 일이었기 때문에 아이들은 바닷가재를 싫어했다고 한다.

그 후 2차 세계대전이 일어나자 미국은 넘쳐나는 랍스터를 통조림으로 만들어 유럽과 동맹국에 보내기 시작했다. 유럽에서는 바닷가재가 고급 음식이었기 때문에 환영받고 있었고, 미국에서는 고기 소비를 줄이고 상대적으로 가격이 저렴한 해산물을 소비하는 것이 전쟁 중에는 유리하므로 바닷가재를 소비하는 것이 애국심이라고 홍보하며 소비를 촉진했다.

2차 세계대전이 끝나고 바닷가재는 고급 요리의 위치를 다시 탈환한다. 유명 영화배우들이나 록펠러 등과 같은 사회의 유명 인사들이 바닷가재를 소비하자 유행을 타게 되었고, 그로 인해 소비가 촉진되어 다시 가격이 가파르게 상승하였다.

바닷가재가 고급 요리가 되기까지 이처럼 물류의 발달과 식품의 산업화, 수요와 공급의 법칙을 거치는 과정이 있었다. 현재 미국 메인주의 바닷가재 산업은 세계적으로 명성이 자자하다.

카사노바가
사랑한
굴

부쩍 쌀쌀해진 날씨가 반갑지만은 않지만 미각 세포들은 수확의 계절인 가을이 오기만을 기다리고 있었는지 모른다. 찬바람이 부는 계절이 돌아와야 먹을 수 있는 감과 귤 등의 과일은 물론이고 단맛이 오른 가을 무와 배추도 수확이 가까워졌다. 가을철에 더욱 풍성해지는 해산물인 꼬막과 홍합 등 조개류가 시장에 나오기 시작하고, 그중 으뜸으로 꼽을 수 있는 '굴'도 출하된다.

마트에 올해 첫 굴이 나와 굴밥을 해먹을 요량으로 한 봉지 사들고 집으로 돌아간다. 굴밥과 된장국, 화이트와인의 조합은 환상적이라서 TV 속 저녁 먹방에도 밀리지 않는 풍성한 가을의 맛을 선사

한다. 드라마 〈심야식당〉과 영화 〈리틀 포레스트〉에 등장했던 '이중 뚜껑 밥솥'도나베'라고도 한다'을 사용해 굴밥을 만들어본다. 30분 정도 불린 쌀을 가볍게 수돗물에서 씻어 내고 불린 쌀과 소금물로 씻은 생굴, 그리고 다시마 한 장을 밥솥에 넣고 밥물을 맞춘다.

가스 불을 최대한 켜서 밥물이 끓어오를 때까지 센 불을 유지하고 밥물이 끓기 시작하면 약한 불로 줄여 10분간 밥을 익힌다. 10분 후 가스 불을 끄고 5분간 뜸을 들인 다음 뚜껑을 열면 세상에서 제일 맛있는 굴밥이 완성된다.

여기에 '소비뇽 블랑sauvignon blanc'이나 '소아베soave' 같은 깔끔한 화이트와인을 한 잔 곁들이면 웬만한 해산물 레스토랑의 메뉴 못지않은 만족감을 주는 최고의 밥상이 탄생한다.

 ## 바다의 우유, 굴

'바다의 우유'라고 불리는 굴은 껍질에 붙어 있는 석화 상태에서 초장을 발라 먹기도 하고, 굴밥이나 굴국, 굴물회, 어리굴젓, 굴튀김 등으로 만들어 먹을 수도 있는 음식으로 김과 함께 한국인의 겨울철 식탁을 책임지는 중요한 해산물이다. 굴의 인기는 유럽에서도 대단해서 해산물을 날것으로 먹지 않는 유럽인들에게 '회'로 소비되는 단 하나의 해산물이라 해도 과언이 아니다.

달력에 'R'자가 없는 달은 굴을 먹어선 안 되는 달을 의미한다. 5월부터 8월까지<sup>May, June, July, August</sup>는 굴의 산란 기간이기도 하거니와 온도가 높아 굴을 회로 먹지 않는다. 굴은 로마 시대부터 양식되었다고 전해지며 로마 황제들이 즐겨 먹을 정도로 최고의 정력제라 여겨졌다. 사실 굴에는 아연 등의 무기질이 함유되어 있고 남성 호르몬인 테스토스테론<sup>testosterone</sup>의 분비와 정자 생성을 촉진한다고 하니 틀린 말은 아니지만, 남성 호르몬 생성에는 양배추나 시금치도 좋다고 하니 최음제나 정력제의 기능보다는 미각의 요구에 부응했다고 볼 수 있겠다.

특히 로마의 황제들은 바닷가에서 채집하는 굴을 좋아했지만, 당시의 기술로는 이탈리아 연안에서 채취한 굴을 날이 더워지는 5월부터 8월 사이에 로마까지 신선하게 가져오기란 쉽지 않았기 때문에 이때 굴을 먹으면 탈이 나기 쉬워 아무리 굴을 좋아해도 먹지 않는 기간으로 정했으리라 여겨진다. 실제로 5월에서 8월 사이에는 바닷물의 수온이 올라 굴에 비브리오균의 증식 속도가 엄청나서 조리를 안 하고 날로 섭취할 경우 식중독을 일으키게 된다.

로마 황제뿐만 아니라 클레오파트라 또한 미용에 좋다는 이유로 굴을 즐겼다고 전해지며, 나폴레옹과 독일의 철혈 재상이었던 비스마르크도 굴 마니아로 알려져 있다. 굴 애호가 중 가장 유명한 인물은 지아코모 카사노바Giacomo Casanova이다. 소설 속 인물이나 이야기로 전해져 내려오는 인물로 생각되지만 1725년 베니스에서 태어나 1798년 사망한 베니스의 귀족으로 작가이자 외교관을 지낸 실존 인물이다. 그의 자서전《나의 인생Story of my life》에 기록된 성관계 직전에는 항상 굴 50개를 먹었다는 이야기는 매우 유명하다. 굴은 이처럼 동서양을 막론하고 사랑받는 음식이다.

##  굴 양식이 굴의 종류를 결정한다

굴은 인간이 양식한 최초의 어패류로 분류되며 전복과 함께 우리나라 조개류 양식의 양대 산맥이라 불린다. 전복은 미역과 다시마를 주식으로 하는 조개류로 일정 기간마다 해초류를 사료처럼 주어야 한다. 하지만 굴은 바닷물에 녹아있는 유기물을 먹고 자라기 때문에 특별히 먹이를 준다거나 보살필 필요가 없다는 장점이 있다. 굴의 양식은 바닷물에 떠다니는 굴의 씨조개종패, 種貝를 포집하여 조개껍질에 이식하고 종패가 이식된 조개껍질을 굴이 잘 성장할 수 있는 조건의 양식장으로 이동시켜 기르는 방식으로 이루어진다.

굴의 양식 방법은 두 가지로, 조개껍데기를 줄에 매달아 종패를 이식하여 바닷물에 담가 놓는 '수하식 양식'과 종패를 이식하여 바닷가 바위에 붙여서 기르는 '투석식 양식'으로 나뉜다. 수하식 양식으로 기른 굴은 마트에서 흔히 볼 수 있는 비닐봉지에 담겨 있는 '굴'이고, 투석식으로 기른 굴은 껍질에 붙어 있는 채로 출하되는 것으로 '석화石花'라 부른다.

통영에서 많이 생산되는 수하식 굴은 우리나라 굴 생산량의 80%를 차지하고 있으며 굴을 바다 속에 하루 종일 담가 두는 방식으로 기르기 때문에 플랑크톤과 유기물의 접촉 시간이 길어 알이 굵고 실하다. 투석식 굴인 석화는 만조滿潮 때는 바닷물에 잠겨 있다가 간조干潮 때는 바위 위에서 햇볕을 보고 자란다. 먹이를 먹는 시간이 짧아 크기는 크지 않지만 향과 맛이 좋다.

굴 양식은 '잘 자랄 수 있는 환경'을 만들어주기만 할 뿐 사료를 주지 않기 때문에 양식과 자연산의 경계가 모호하다는 특징이 있다. 강에서 자라는 '벚굴'도 진미로 통하는데, 바다에서 자라는 굴에 비하여 크기는 작지만 비리거나 짜지 않고 향과 감칠맛이 좋아 횟감으로 인기가 좋다. 강에서 나는 굴이라서 '강굴'이라고도 한다. 섬진강 하구의 벚굴과 남해안 포구 쪽에서 채취되는 벚굴이 유명하다.

 **굴로 만드는 다양한 요리와 소스**

굴은 일반적으로 조리하지 않고 굴회로 먹는 경우가 많다. 우리나라의 경우는 마늘을 올리고 초고추장에 찍어 먹거나 간장 양념을 찍어 먹기도 하고 양념 없이 굴만 먹기도 한다. 유럽과 미국도 크게 다르지 않아서 소금과 레몬즙을 찍어 먹으며, 비싸지 않은 가볍고 깔끔한 화이트와인을 곁들여 먹는 것을 최고의 진미로 친다.

　조리된 '굴 요리'들은 비교적 굴의 신선도가 좋지 않을 때 찌거나 굽거나 튀기는 방법 등을 통해 식품의 안전성과 맛을 올린 것이다. 유럽과 구미에서는 베샤멜소스에 치즈를 첨가한 모네이 소스를 석화에 덮어서 오븐에 구운 '오이스터 모네이<sup>oyster mornay</sup>'라는 굴 요리가 유명하고, '오이스터 킬패트릭<sup>oyster kilpatrick</sup>'이라 불리는 발사믹 식초를 뿌려서 구운 굴 요리도 호주에서 인기가 있다. 일본은 역시 튀김의 나라답게 굴튀김이 대표적이다. 남미에서는 레몬즙이나 식초 등에 절여서 회를 익히는 방법으로 만드는 요리인 '세비체<sup>ceviche</sup>'를 만들어 먹기도 한다. 중국은 세계 최대의 굴 생산국이지만 중국 연안의 수질이 좋지 않아 날로 먹는 굴보다는 조리용 굴이 많이 생산된다. 중국에서는 일반적으로 굴을 익혀 먹으며 주로 볶음이나 국물요리의 부재료로 사용한다. 중국에서는 굴을 발효시키고 전분과 캐러멜색소 등을 첨가하여 호유<sup>蠔油, háoyóu</sup>라는 피시 소스를 만들었다. 이것이 우리가 흔히 아는 '굴 소스'이다.

　굴 소스는 중국 요리에서 빠지지 않는 조미료로 중국의 볶음요리와 국물 요리에 사용되어 중국음식의 독특한 풍미를 만들어준다.

중국의 굴 소비는 익혀 먹는 요리가 대부분이지만, 요즘은 생굴 맛에도 익숙해져 우리나라 통영 굴이 인기가 높다.

갓 지은 밥을 일부러 식혀서 볶음밥을 만들 필요가 없는 것처럼 '신선하고 맛있는 굴'은 일단 생굴로 소비하는 것이 좋다. 횟감용 굴과 조리용 굴은 따로 판매되는데, 마트에서 파는 석화와 횟감용 봉지 굴은 회로 먹어도 되지만, 시장에서 가판에 내놓고 파는 굴은 조리용 굴이므로 굴밥이나 굴국, 굴전이나 굴튀김을 만들어 먹는 것이 좋다. 또 굴을 냉장고에 넣은 지 하루 이상 지났다면 회로 먹기보다는 조리를 해서 먹는 게 바람직하다. 굴을 씻을 때는 흐르는 수돗물에 세척하는 것도 좋지만, 굴의 향과 맛을 보존하기 위해서는 소금물로 살짝 씻어주는 것이 더 좋다.

오징어는
할랄푸드?
코셔푸드?

살짝 배고파지기 시작하는 주말 저녁, 좋아하는 드라마를 맹숭맹숭하게 보기에는 뭔가 아쉬워서 야식을 준비한다. 배부른 건 싫고 기름진 것도 싫어서 마른오징어를 준비하고, 소주를 '온 더 락' 형태로 만들어본다. 소금을 넣은 미온수에 마른오징어를 넣고 10분 정도 불린 다음, 가스 불에 살짝 굽는다. 그다음 마요네즈에 간장 반 스푼과 청양고추를 썰어서 조금 넣는다. 살짝 구운 오징어에 간장 마요네즈를 듬뿍 찍어 먹으면 얼음을 넣은 차가운 소주와 찰떡궁합이다.

최근 오징어 생산량이 감소하면서 금징어라고 말할 정도로 가격이 많이 올랐다. 마른오징어도 덩달아 가격이 올라 이제는 고급 안주가 되어버렸다.

##  오징어의 유래와 붉은 악마

오징어란 명칭은 까마귀가 바다 위에 시체처럼 누워 있는 오징어를 잡아먹기 위해 다가오면 죽은 체하고 있던 오징어가 다리로 까마귀를 잡아 물속으로 끌고 들어가서 잡아먹는다는 설화에서 나온 말인 '오적어烏賊魚'에서 유래했다.

두족류에 속하는 오징어는 문어, 꼴뚜기, 주꾸미와 친족 관계이며 주로 따뜻한 물에 서식하는 난류성 어족으로, 아시아와 지중해 연안의 국가에서 식용으로 인기가 높다. 우리나라 동해안에서 잡히는 '참 오징어'는 우리나라는 물론 일본에서도 인기 있는 어족 자원이다. 전 세계에서 '마른오징어'를 먹는 나라가 딱 두 곳이 있는데 바로 우리나라와 일본이다. 몸은 머리·몸통·다리의 세 부분으로 이루어져 있으며 머리는 다리와 몸통 사이에 있고 좌우 양쪽에 큰 눈이 있다.

요즘 들어 오징어 가격이 폭등한 여러 이유가 있는데, 첫 번째는 중국 어선들의 무분별한 포획을 들 수 있고, 두 번째는 유통업자들의 폭리를 들 수 있으며, 마지막으로 요즘 인기 좋은 '총알 오징어'의 남획이 있다.

총알 오징어는 오징어의 새끼로, 여름과 겨울 사이에 한두 달 정도 잡히는데, 내장을 제거하고 먹는 성체와는 달리 어린 오징어는 고소한 내장까지 통째로 먹을 수 있어 요즘 들어 인기가 높아졌다. 오징어 새끼인 총알 오징어를 잡는다는 것은 오징어가 성장해서 번식을 하기도 전에 미리 잡는 일이기 때문에 오징어의 개체 수에 큰 영향을 미칠 수밖에 없다. 그러므로 바다의 생태계를 보호하기 위해서는 오징어 치어가 잡히더라도 바다에 돌려보내는 것이 옳다.

오징어가 잡히지 않아 가격이 오르면 제일 불안한 곳은 짬뽕 등 오징어를 주재료로 사용하는 음식점이다. 그래서 많은 외식 업체와 젓갈 업체 등에서 훔볼트 오징어라는 대왕오징어를 수입하여 쓰기도 한다. 남아메리카에서 태평양 북동부로 흐르는 훔볼트 해류에서 서식하기에 훔볼트 오징어로 불리는데, 짬뽕 속의 씹히는 맛이 일품인 두툼한 오징어라든가, 분식집에서 파는 오징어 튀김, 오징어젓에 쓰이는 오징어는 대부분 훔볼트 오징어이다.

단백질 덩어리인 오징어는 닭 가슴살만큼이나 풍부한 단백질을 가지고 있으며, 우리가 흔히 질기다고 벗겨 버리는 껍질에는 타우린이 다량 함유되어 있어 콜레스테롤을 억제하고 피로 회복에 좋다고 하니 껍질은 벗기지 않고 먹는 것이 좋다<sup>박카스에 들어가 있는 타우린보다 오징어 한 마리에 들어 있는 타우린이 훨씬 많다고 한다</sup>.

오징어는 암컷과 수컷이 다른 자웅 이체 동물로서, 바닷속 생물들이 번식할 때 일반적으로 암컷이 알을 낳고 가면 수컷이 그 위에 정액을 산포하는 것과 달리 직접 교미를 하는 것으로도 유명하다. 총 열 개인 오징어 다리 중 유난히 긴 두 개의 다리를 '촉완'이라 한다. 이 촉완에는 여러 가지 쓰임새가 있지만 그중에서도 수컷의 촉완에는 오징어의 저정낭貯精囊, 정액을 구성하는 점액질의 액체를 분비하는 생식 기관이 붙어 있어, 암컷의 누두siphon, 물이나 먹따위를 내뿜는 깔때기 모양의 관에 들어가 오징어 암컷 체내의 난소에 정액을 산포한다. 누두는 앞에서 보면 뾰족 튀어나와 있어 입처럼 보이는 부분이다. 누두는 물이나 먹물을 내뿜어 위장을 하는 데 쓰이기도 하고, 헤엄칠 때 물을 뿜어내어 가속하는 역할을 하기도 하며, 항문과 생식기의 역할도 한다.

지중해 연안의 국가들인 그리스, 이태리, 남프랑스 등은 오징어를 선호하여 식탁에 자주 올리지만, 대부분의 북유럽과 구미에서는 오징어를 선호하지 않는다. 유럽에서는 특히 대왕오징어나 대왕문어 등 커다란 두족류에 대한 공포감을 가지고 있어, 북유럽에서는 '크라켄Kraken'이라는 바다의 괴수로 표현한다. 영화 〈캐리비안의 해적〉에서 '크라켄'을 바다에서 가장 무서운 존재로 표현한 것을 보면 이해하기 쉬울 것이다.

오징어와 문어는 두족류답게 해양 생물 중 머리가 좋아 바다의 '아인슈타인'이라는 별명으로 유명하다. 인지 능력과 학습 능력이 뛰어나 두뇌 활동량이 1~2세 유아기와 비슷하다고 한다. 한 예로 뉴질랜드 수족관의 '잉키'라는 문어는 수족관의 나사를 풀고 수족관을 탈출했다고 하며, 독일 오버하우젠 소재 수족관의 점쟁이 문어, 족집게 문어 등의 별명을 가지고 있는 '파울Paul'이라는 문어는 유로 2008과 2010년 월드컵에서 독일 축구 대표팀의 승패 여부를 90%에 가까운 확률로 맞춰 세상 사람들을 놀라게 했다.

우리가 즐겨 먹는 남미에서 수입되는 훔볼트 오징어의 별명은 '붉은 악마diablo rojo'로 우리나라의 월드컵 서포터즈와 동명이다. 성질이 대단히 사납고 일반 오징어와 달리 흡판을 따라 날카로운 갈고리가 늘어서 있어 한 번 먹이를 파고들면 놓치지 않는다고 하며, 치악력 또한 포유류 중에서 아주 높은 편에 속한다고 한다. 이렇게 머리도 좋고 크기도 버스만큼 커다란 대왕오징어가 출현했을 때 유럽인들이 얼마나 큰 공포감을 느꼈을지 십분 이해가 된다.

##  무슬림은 오징어를 먹을까?

이슬람 문화에서 먹거리는 먹는 것이 허용되는 음식인 '할랄푸드Halal food'와 허용되지 않는 음식인 '하람 푸드Halam food', 두 가지로 구분된다. 할랄푸드는 코란에 나오는 이슬람식 도축법인 '다비하 Dhabihah'식으로 도살한 짐승의 고기와 그 고기를 사용해 만든 음식으로 이슬람교의 경전인 《코란》에서 허용하는 음식 전반을 말한다.

할랄푸드가 되기 위해서는 몇 가지 까다로운 조건이 있는데, 고기는 털이 있어야 하며 발굽이 있는 송곳니가 있는 반추 동물은 먹지 않는다. 그 조건에 맞는 육류는 소, 양, 염소 정도밖에 없다. 예를 들면 토끼는 귀여워서 먹지 않는 것이 아니라 발굽이 없어서이고, 호랑이나 맹금류는 송곳니가 있어서 먹지 않으며, 돼지는 털이 없어서 먹지 않는다. 돼지고기는 무슬림들이 특히나 경계하는 음식으로 돼지고기를 조리하는 데 사용된 칼, 냄비와 같은 조리 기구나 돼지고기를 담은 그릇까지도 사용하면 안 될 정도로 그 기준이 까다롭다.

미식물리학의 창시자인 찰스 스펜스가 지은 《왜 맛있을까<sup>Gastro physics</sup>》에 의하면 전 세계 사람 중에서 중동 사람들이 비거세 수돼지의 오줌 냄새에 가장 민감하고 역한 반응을 보였다고 한다. 중동에서 돼지가 인기 없는 이유는 종교적인 이유도 있겠지만, 돼지고기 자체를 싫어하는 중동 사람들의 미각적 취향도 많이 반영된다고 보인다.

내가 호텔 주방에서 근무하던 시절, 사우디아라비아의 왕족은 대동한 무슬림 요리사가 호텔 주방을 빌려 따로 조리한 음식만 먹었을 정도로 할랄푸드에 대한 규율을 엄격히 지켰다. 해산물은 비교적 할랄푸드에서 자유로운 편으로 대부분의 이슬람 지역에서는 깨끗한 바닷물에서 태어나고 자란 해산물이라면 할랄푸드로 인정하고 있다. 그중에서도 이슬람의 가장 큰 종파이자 정통파인 '수니파派'에서는 오징어를 먹는 것을 허용하고 있다. 반면 수니파 다음으로 큰 분파인 '시아파派'에서는 '지느러미가 있고 비늘이 있는 어종'만을 할랄푸드로 국한하고 있기 때문에, 장어, 오징어, 문어 등은 '하람 푸드'로 분류되어 먹는 것이 허용되지 않는다.

무슬림 중에서 오징어를 먹는 곳은 수니파가 속한 지역으로 북아프리카부터 터키, 인도네시아 말레이시아까지 넓은 지역에 분포되어 있다. 무슬림 인구의 90%를 차지하는 수니파는 오징어를 먹고, 나머지 10%에 해당하는 시아파는 오징어를 먹지 않는다. 같은 이슬람 문화권에 속해 있다고 하더라도 두 종파는 먹거리에 대한 문화가 다르다.

음주 문화도 역시 지역마다 차이가 있어 보수적인 사우디아라비아와 시아파 지역에서는 술이 엄격하게 금지되고 있으며, 이란은 음주를 하다 적발되면 채찍 80대를 맞는 중형에 처해진다. 하지만 터키와 이집트 등 일부 수니파 지역에서는 터키 맥주인 에페스 필스

너EFES Pilsner가 중동 지역을 대표하는 맥주로 자리 잡고 있기도 하다. 《코란》에 술을 마시지 말라는 항목은 없으나 이슬람 문화에서 음주는 전통적으로 금기되는 사항이다.

##  비슷하지만 다른 할랄푸드와 코셔푸드

무슬림들에게 할랄푸드가 있다면 유대인들에게는 코셔푸드가 있다. '코셔푸드Kosher food'는 소고기 중에서도 머리와 꼬리를 제외한 몸통 앞부분만을 코셔로 인정하고 뒷부분은 먹지 않는다. 유대인들이 먹는 코셔푸드의 사전적인 의미는 '정결한 음식'이며, 할랄푸드와 비슷하면서도 다르고, 다르면서도 비슷한 측면을 가지고 있다.

1. 돼지고기는 할랄푸드와 코셔푸드 양측 모두 극단적으로 혐오한다.

2. 할랄푸드에서는 술을 금지하고 있지만시아파, 코셔푸드에서는 유대교인이 만든 와인이라면 허용하고 있다. 그러나 두 종교 모두 술에 취하는 것은 허용하지 않는다.

3. 할랄푸드는 해산물에 대해서 비교적 관대하지만, 코셔푸드에서는 지느러미와 비늘이 없는 생선과 조개류, 가재 등의 갑각류 등은 허용하지 않는다.

4. 코셔푸드에서는 육류와 우유를 같이 먹지 않는다.

5. 할랄푸드의 도살은 성인 이슬람 남성 신자는 누구나 허락되나, 코셔푸드의 도살은 토라<sup>Tora, 율법</sup>의 허가를 받은 성인 남자인 유대교인만이 가능하다.

이렇게 비교해 보면 코셔푸드가 할랄푸드보다 훨씬 더 엄격함을 알 수 있다. 식재료와 조리방법에 금기가 많다는 것은 요리에 창의력과 조리 기술을 이용하는 데 제약이 많다는 것이기 때문에 일반적으로 할랄푸드보다 코셔푸드가 더 맛이 없다는 평이 우세하다.

미국에서는 교도소에 갇힌 수감자들의 종교적인 식사를 준수하기 위해 이슬람이나 유대교로부터 지원금을 받아 할랄푸드와 코셔푸드를 선택할 수 있게 하는데, 지원금을 받는 할랄푸드나 코셔푸드의 경우 일반적인 식재보다 품질이 좋아 재소자들이 이슬람이나 유대교로 개종을 하는 경우도 있다고 한다. 하지만 유대교를 선택한 재소자들은 영국 음식보다 더 맛이 없다는 평판을 지닌 코셔푸드에 온갖 정이 떨어져 유대교에서 다시 이슬람교로 개종한 경우도 있다는 웃지 못할 이야기들이 있다.

예를 들어 위에 언급한 코셔의 금기사항 4번 '육류와 우유를 같이 소비하지 않는다'를 지키려면 제빵류에 들어간 버터도 육류에 포함되어 우유와 빵을 같이 먹을 수 없게 된다. 음식을 섭취하는 순서에조차 엄격한 제한을 두고 있어 미각의 확장성을 떨어트린다. 피가 보이면 안 된다는 규율 때문에 선짓국이나 순대 소시지와 같은 음식도 금지되어 있다. 초코파이에 들어간 머쉬멜로우 역시 돼지에서 추출된 젤라틴이 포함되어 있기 때문에 할랄과 코셔 푸드를 위한 수출용 초코파이가 따로 있다고 한다.

할랄푸드와 코셔 푸드, 참 까다로운 음식문화이다. 하지만 할랄푸드와 코셔푸드 시장의 확정성이 너무 커서 까다롭다고 방관만 할 수는 없다. 전 세계에 이슬람교 인구는 18억 명 정도로 추산되는데 이들이 먹고, 마시고, 바르는 모든 산업에 한류가 보급되어 있다. 2050년이 넘으면 지금의 기독교인보다 숫자가 더 많아질 것이라고 예측되기 때문에 할랄푸드는 산업적으로도 매우 밝은 시장에 속한다. 화장품도 예외는 아니어서 할랄 인증 화장품이 'Made in Korea'를 붙이고 날개 돋친 듯 팔리는 것을 보면 또 다른 도전이라 할 수 있다. 한국에 있는 병원에 치료나 수술을 하기 위해 우리나라를 방문하는 이슬람인들이 점점 더 늘어나고 있다고 한다. 이제는 국내에도 '할랄 전문가'들이 더 필요한 세상이 된 것이다.

채소와 나물류가 많은 채식 문화인 한식이 할랄푸드로 인기를 끌기 시작하는 지금, 이슬람 문화권이 우리나라 젊은 셰프들의 꿈을 펼칠 수 있는 기회의 장場이 되기를 바란다. 때로 세상이 우리가 생각하지 못하는 방향으로 나아가고 발전하는 걸 보면, 우리와 친근하지 않았던 종교나 문화에 대한 이해의 폭을 넓히는 사고도 매우 중요하다고 여겨진다.

Menu

오늘도 '돈가스'를 먹는다

탕수육과 짜장면의 추억

카레라이스와 인지 기억 광고

2002년 월드컵이 낳은 또 하나의 기적, 치맥

양꼬치와 칭타오

# 다섯 접시

## 넌 어디서 왔니?

오늘 저녁은 혼자 먹는 날이라 간단히 먹을 요량으로 냉장고를
뒤지다가 돈가스 한 조각을 발견했다. '그래 오늘 저녁은 너로구나'
하는 생각을 하며 남아 있는 화이트와인을 한잔하면서 저녁을 준비
한다. 돈가스를 먹는 게 우리 시대의 루틴한 일상처럼 느낄 때가 있
다. 아마도 한국인이 자주 먹는 음식의 순위를 정하면 라면 다음으
로 많이 먹는 음식이 아닐까. 돈가스 한 조각을 튀기고, 쌀통에서 익
어 가는 아보카도와 여러 가지 채소를 곁들이니 만족스러운 저녁 밥
상이 완성된다.

## 커틀릿이 돈가스가 되기까지…

돈가스의 역사는 로마 시대로까지 거슬러 올라간다. 고기에 빵가루를 묻히고 튀겨서 로마군에게 제공되었다는 기록이 문헌에 남아 있다. 빵을 주식으로 하는 유럽에서는 먹고 남은 마른 빵을 처리하기 위해서 빵가루로 활용하기도 하고 수프를 만들 때 사용하기도 했다. 그중에서도 고기에 빵가루를 묻혀 튀기는 커틀릿 형식의 요리가 부피감도 있고 맛도 일품이어서 유럽에서 큰 인기를 끌게 된다. 나라마다 그 나라에서 생산되는 고기나 생선을 튀겨 먹는 요리가 있다. 그런 요리들이 커틀릿의 원조라고 할 수 있다.

커틀릿을 이탈리아에서는 '코틀레타cotoletta'라 부르고, 영국에서는 '커틀릿cutlet', 오스트리아에서는 '슈니첼schnitzel'이라고 부른다. 프랑스에서는 다진 고기와 감자를 섞어 튀겨 먹는 요리를 '크로켓croquettes'이라고 한다. 커틀릿은 이제 우리가 주변에서 익히 들어본 요리로 자리매김하게 되었는데, 그 시작이 바로 돈가스이다. 일본에서 서양 문물을 받아들일 때 들어온 '커틀릿'은 일본어의 외래어 표기인 '돈카츠 레츠'로 불리다가 축약 현상으로 인하여 1930년대에는 '돈카츠tonkatsu'로 불리었다. 이후 우리나라에는 '돈가스'라는 이름으로 정착하게 된다. 같은 음식임에도 각 나라의 문화나 언어에 따라 이름이 변하는 과정을 살펴보면 꽤 흥미롭다.

메이지 시대의 일본은 빠르게 서구 문물을 받아들이면서 식생활도 급속하게 서구화되었다. 이때 튀김요리가 발전하였는데 커틀릿이 도입되면서 '카츠 레츠'라는 쇠고기 튀김이 인기를 얻기 시작한다. 돼지고기를 사용한 커틀릿인 돈카츠는 1899년에 일본 도쿄 긴자의 '연와정煉瓦亭'이라는 도쿄 식당에서 처음 만들어졌다. 연와정은 돈카츠 이외에도 우리가 흔히 알고 있는 오므라이스와 하이라이스 등을 만든 식당으로도 유명하다.

돈카츠는 우스터소스식초, 타마린드 추출액, 고추 추출액, 설탕, 앤초비 등을 넣고 숙성시켜 만든 소스에 찍어 먹는 밥반찬으로 일본에서 대히트를 쳤고 카레라이스 역시 비슷한 시기에 도입되어 일본의 대표적인 음식으로 꼽히게 되었다. 이 시절 일본의 여학교 가정 시간에는 서양요리 수업이 포함되어 있어서 그 시대의 고급요리인 '갓포요리割烹料理, 할팽요리'를 가르쳤다.

갓포요리들은 당시에는 고급요리였지만 지금은 경양식이 되어 일본인들의 일상식이 되었다. 돈카츠와 고로케, 카레라이스와 오므라이스는 '화양절충和洋折衷'의 요리로 오늘날 일본 가정식의 대표 요리가 되었다. 갓포는 '칼과 불'을 의미하는 말이며, 칼로 재료를 잘 자르고 썰고 다진 후에 준비된 재료를 불로 조리한다는 뜻이다. 칼 등이 구부러져 있는 일본식 주방용 칼을 산도쿠三德, 삼덕 나이프라고 부르는데, 삼덕은 갓포 중 '갓[割, 할]'의 의미인 자르고, 썰고, 다지는 칼의 세 가지 덕을 이야기한다.

지금의 갓포요리는 일본 음식문화적으로 봤을 때 일본의 정식 요리인 가이세키요리와 선술집 요리인 이자카야의 중간 선상에 위치한다. 돈카츠는 완전한 일본식 정식도 아니지만 선술집 요리도 아닌 고급 음식으로 일본인들에게 전파되었다. 돈가스가 우리나라에 전해진 것은 일제 강점기 때이며, 우리가 돈가스를 먹는 것을 일상처럼 느끼게 된 것은 1980년대 후반부터이다.

##  한국의 맛으로 새롭게 태어나다

1980년대에 들어서자 양돈 산업화의 성공으로 돼지고기의 수급이 안정화되기 시작했다. 삼겹살과 제육볶음을 많이 먹는 우리나라에서는 '돼지 등심과 안심'이 늘 찬밥 신세를 면치 못하는 시장 상황의 고민이 있었는데, '돈가스'가 전국의 초·중·고등학교는 물론이고 대학교에서도 가장 인기 있는 메뉴로 떠오르면서 돈가스의 재료인 등심과 안심이 빠르게 소비되었다.

현재는 돈가스가 특별한 음식이 아닌 우리의 일상에서 쉽게 먹을 수 있는 평범한 음식이 되었지만 돈가스의 발전은 아직까지도 계속되고 있다. 돈가스라고 하면 우리에게 익숙한 남산 '왕'돈가스를 떠올리기 쉽지만 왕돈가스가 최고라는 건 이제 옛말이다. 요리사 선배님들의 말씀에 의하면 옛날에는 누가 똑같은 양의 돼지고기를 가지고 보다 넓적한 돈가스를 만들 수 있는지가 뛰어난 기술자를 가리는 변별력이었다고 한다. 그러나 이제는 돈가스의 넓이가 아닌 두께가 중요한 시대가 되었다. 말 그대로 '양보다 질'로 바뀐 것이다.

돈가스의 고기를 두껍게 만드는 것은 뛰어난 기술을 필요로 한다. 고기가 얇을수록 밀가루, 달걀, 빵가루로 이루어진 튀김옷이 잘 붙고, 고기가 두꺼워질수록 고기의 수분으로 인하여 튀김옷이 잘 떨어지기 때문이다. 2000년대 홈쇼핑 시대에 들어서면서 7mm 두께의 돈가스가 이 업계를 평정한다.

7mm 두께의 돈가스를 만들려면 우리가 아는 밀계빵<sup>밀가루, 계란,</sup> <sup>빵가루</sup>으로는 돈가스를 튀길 때 고기에서 나오는 수분으로 인하여 튀김옷이 다 떨어지게 된다. 그러한 점 때문에 돈가스의 베터<sup>batter,</sup> <sup>반죽 옷</sup> 전쟁이 시작되었고 많은 양산업체들과 프랜차이즈 업체들이 고기를 두껍게 하는 등 고급화를 위하여 노력하고 있다. 2cm의 두꺼운 돈가스를 만들려면 드라이 에이징<sup>dry aging</sup> 기술과 베터 믹스의 기술이 필요하다. 일상적으로 먹어 온 돈가스에도 우리가 모르는 이런 치열함이 숨어 있는 걸 보면 '우리가 사는 이 세상이 참 치열하구나'하는 생각이 든다.

1970년대에는 어머니가 작은 경양식집을 운영하셨기에 그 당시엔 입학식과 졸업식 등 특별한 날에만 먹을 수 있던 돈가스, 햄버그스테이크, 생선가스 등을 자주 접할 수 있었다. 학교에서 돌아오면 주방에서 주방장 삼촌과 함께 마른 식빵으로 빵가루를 갈고, 달걀물을 풀어 빵가루를 입히는 주방에서의 기억이 아련하게 떠오른다. 마요네즈에 피클과 양파를 넣은 타르타르소스와 하이라이스소스가 끓는 향이 나던 그곳이야말로 내가 처음으로 경험했던 '주방'이 아닌가 싶다.

탕수육과
짜장면의
추억

일요일 오후, 방배동의 한 중식당에 다녀왔다. 전국에서 가장 맛있는 탕수육을 만든다며 미디어의 극찬을 받는 곳이다. 탕수육이 다 거기서 거기겠거니 하고 별 기대를 하지 않았지만 한 점 먹어보니 참 맛있었다. 튀김옷이 엄청 두껍고 눅진한 것이 다른 곳에서 맛볼 수 없는 그 집만의 노하우가 느껴졌다. 마치 크리스피 크림 도넛 안에 돼지고기가 숨어 있는 듯한 느낌이었는데 사장님이 탕수육 반죽과 도넛 반죽이 뒤바뀐 채로 튀겼는데 막상 맛을 보니 맛있어서 "이거 괜찮은데!"라며 탄생한 것 같다고 할까! 표현하자면 '맛있고 기름진 도넛을 수육과 함께 식초에 찍어먹는 맛'이다.

탕수육의 명칭은 한자로 당초육<sup>糖醋肉</sup>이라고 한다. 말 그대로 '달고 신 돼지고기'라는 뜻이다. 중국 발음으로는 '탕추러우'라고 한다. 탕추러우가 한국말로 변화하는 과정에서 탕수육으로 바뀌었다. 찹쌀 탕수육인 궈바오러우는 한자로 과포육<sup>鍋包肉</sup>이라고 한다. 가마 안에 포를 싼 돼지고기라는 뜻이다. 그리고 중국 남부의 광동 지역과 대만에서는 파인애플이 들어가는 탕수육인 '고로육<sup>古老肉, 구라오러우</sup>'이 있는데, 이 요리는 세계 전역에서 많이 팔릴 정도로 인기가 있다.

탕수육의 시초는 아편전쟁 이후 영국인들을 위한 메뉴로 만들어졌다는 설과 원래 동북 음식인 궈바오러우를 하얼빈에 방문한 러시아인의 입맛에 맞게 새롭게 만들었다는 등, 여러 가지 가설이 있지만 아직까지 확실한 유래는 찾아볼 수 없다. 어쨌든 중국의 탕수육도 설탕이 대중화되기 이전까지는 만들어지지 않았다고 보는 게 정설이다.

우리나라의 개항 이후 수도였던 경성과 지리적으로 가장 가까운 지역인 산둥반도의 중국인들이 인천으로 대거 유입되어 중국 음식이 전래되는 과정에서 탕수육이 들어왔다고 전해진다. 1937년 9월 19일 《동아일보》 신문 기사에 탕수육이 가락국수, 잡채, 호떡

등과 함께 인기 있는 요리라고 기사까지 나올 정도로 탕수육은 대한민국의 외식문화에 커다란 영향을 끼쳤다. 현재 우리나라의 탕수육은 설탕과 식초가 들어간 동북 지방에서 유래되었다는 당추<sup>糖醋</sup> 소스, 북경요리로 대표되는 궈바오러우, 파인애플이 들어간 구라오러우 등 여러 가지 탕수육의 장점을 모아 만들어지고 있다.

우리의 탕수육과는 조금 다르지만 해외 중식당에서도 'sweet & sour pork'로 불리는 '탕수육<sup>糖醋肉</sup>'을 판매하고 있다. 말 그대로 달고<sup>糖</sup> 신<sup>醋</sup> 돼지고기인 탕수육은 우리나라만이 아니라 전 세계에서 인기 있는 중국음식이다.

##  짜장면의 유래

우리나라에서는 탕수육을 먹고 난 뒤에는 늘 짜장면이 따라온다. 짜장면의 어원은 찰장면<sup>炸醬麵</sup>, 즉 '튀긴 장면'이다. 한자 찰<sup>炸</sup>은 터질 작과 튀길 찰 두 가지 뜻이 있는데, 짜장면의 경우 춘장을 튀기듯이 볶아서 만든 면 요리이기 때문에 작장면이 아닌 찰장면이라고 하는 것이 옳다. 중국 말로는 '자지앙미엔'이라고 발음한다. 찰장면은 광동 요리에 속하기는 하지만 우리의 짜장면과는 상당히 다른 비주얼과 맛을 가지고 있다. 짜장면은 한국식으로 변형된 중국음식의 대표적인 예에 속한다. 우리나라의 개항 이후, 인천 차이나타운이 처음 생길 때 중국인들을 위해 만들어진 면 요리로, 공화춘<sup>차이나타운</sup>소재의 중국요리점에서 시작된 메뉴라는 게 현재의 정설이다.

1954년 미국의 잉여 농산물을 개발도상국에 원조할 수 있도록 명문화한 '미공법 480조<sup>Public Law 480</sup>'가 제정된다. 6·25 전후, 미국으로부터 받은 밀가루가 우리나라의 식탁을 책임진다. 라면을 선두로 수많은 면 요리, 빵, 과자 등이 만들어지기 시작하였고 막걸리까지 밀가루로 만들어질 정도였다.

중국의 춘장은 콩으로 만들지만 이때부터 우리의 춘장은 밀가루로 생산하게 된다. 짜장면이 중국과 다르게 우리나라풍으로 바뀐 이유를 추측하자면 콩으로 만들던 춘장을 밀가루로 만들고, 중국 찰장면의 짠맛보다는 우리네 입맛에 맞게 단맛이 강조되면서 오늘날 우리의 짜장면이 탄생하게 되었다 여겨진다. 짜장면은 이제 우리나라 외식시장의 최고 강자로 꼽히는 배달 애플리케이션 최고의 인기 메뉴이기도 하다. 말 그대로 배달의 역사와 함께하는 메뉴라고 할 수 있다.

1990년대 중반은 중국인 관광객들이 한국에 관광을 오기 시작한 때이다. 뉴스에 중국인들이 한국에는 먹을 게 없어서 관광하기가 힘들다는 뉴스가 나올 때 '서울에 한 집 건너 한 집이 중국집일 텐데, 먹을 게 왜 없다는 거지?'하며 의아해한 적이 있었는데, 이후 회사 업무로 중국을 방문하고서야 그 이유를 깨달았다. 우리가 중국 집에서 먹던 음식과 실제 중국 음식은 사용하는 향신료와 조미료는 물론 조리기구와 조리방식까지도 너무나 달랐던 것이다. 중국 음식이 처음 개항 후 조선에 올 때는 비슷했겠지만, 이후 100년이 넘는 시간이 지나면서 '한국화를 넘어 한국 음식'이 된 것이다.

카레라이스와
인지 기억 광고

초등학교 3학년 시절의 화창한 여름날, 방학 때 시골에 내려온 누나의 손을 잡고 처음으로 교회에 간 적이 있다. 예배가 끝난 후 점심을 먹고 가라는 목사님의 손에 이끌려 누나와 함께 묘한 향이 나는 교회 식당으로 들어갔고 생전 처음으로 '카레라이스'라는 음식을 맛보게 되었다.

'교회 성경학교에서 처음 맛본 카레라이스는 신세계와 같은 맛이었다.'

노란색의 생생한 색감과 처음 맡는 것이었지만 이질적이지 않은 카레 향, 그리고 새콤달콤하면서 점성이 깊은 이국의 맛은 나로 하여금 순식간에 카레를 사랑하게 만들었다. 그 이후로도 카레의 향은 나를 설레게 하는 음식이 되었다. 카레의 맛을 처음 접한 유럽인들도 나와 마찬가지였지 않을까.

##  인도의 가람 마살라

카레라이스의 역사는 대항해시대 이후 영국인들이 인도에 정착한 때로 거슬러 올라간다. 인도 카레는 영어권에서 커리<sup>curry</sup>라고 불리며, 남인도의 타밀어로 '소스'를 의미하는 카리<sup>cari</sup>에서 유래되었다는 설이 있다. 인도는 향신료의 나라라고 불릴 정도로 열대지방의 수많은 향신료가 자라는 향신료의 천국이다.

'마살라<sup>masala</sup>'는 힌디어로 향신료를 뜻하며, 커리는 '가람 마살라<sup>garam masala</sup>'라고 불리는 배합 향신료를 칭한다. 인도의 각 가정에 그 집만의 가람 마살라 배합비가 따로 있을 정도로 커리는 인도 식문화의 중심이다. 가람 마살라는 몸을 덥힌다는 의미의 가람과 향신료 혼합체라는 의미의 마살라가 합쳐진 것으로 '매운맛을 내는 배합 향신료'를 의미한다. 인도에서는 커리를 파우더 형태로도 사용하지만 일반 가정에서는 우리나라의 된장이나 고추장처럼 장<sup>paste</sup>의 형태로 많이 사용한다.

커리를 요리 마지막에 첨가하여 로티<sup>roti</sup>라고 불리는 수분이 많은 인도 빵을 찍어 먹거나 밥을 비벼 먹는다. 커리에 곁들이는 음식으로는 채소나 과일로 만든 처트니<sup>chutney</sup>와 견과류, 코코넛 등이 있다.

투메릭<sup>tumeric</sup>이라고 불리는 강황은 커리의 주재료인데, 땅속 뿌리채소로 노란색을 지니고 있다. 커리는 강황 뿌리를 수확하여 쪄서 말린 후, 가루 형태로 유통된다. 특유의 밝은 노란색 덕분에 인도에서는 향신료로서의 역할뿐만 아니라 승려의 황금색 승복의 염료 역할도 담당했었다.

인도인들은 카스트 제도에서 본인보다 상위에 있거나 같은 계급의 사람들이 요리한 음식을 먹는다. 그렇지 않은 경우 불결한 것으로 간주한다고 한다. 얼마 전 인도 식당을 하는 선배가 인도인 요리사들과 일하기가 힘들다고 하여 이유를 물어보았더니, 한 인도인 요리사가 고기를 잡거나 처리하는 것은 '수드라<sup>인도 카스트 제도 중 하위 계층</sup>'가 하는 일이기에 본인은 할 수 없다고 하여 식당의 사장인 선배가 고기를 손질하고 있다는 것이다.

## 인도 카레의 영국 점령과 일본의 카레 보급

1498년 포르투갈의 바스코 다 가마가 희망봉을 돌아 인도에 도착하였고, 그 시절 유럽에서 가장 가치 있는 향신료인 후추와 정향, 카다몬 등을 유럽으로 가져온다. 이후 바다의 패권이 포르투갈을 거쳐 스페인과 영국에게 돌아가게 되면서 카레는 영국의 식문화와 밀접한 관계를 유지한다.

산업혁명 이후 영국의 기업들은 인도에서 'The empress'라는 최초의 향신료 커리 제조 기업을 세우고 런던의 주부들뿐만 아니라 당시 영국의 식민지 국가를 대상으로 카레 무역을 시작한다. 영국은 1833년에 전 세계적으로 퍼져 나가는 노예제 폐지에 동참했지만 많은 식민지를 유지하고 있었기에 노예제 폐지로 초래된 노동력 부족이 문제로 대두되었다.

영국은 그에 대한 해결책으로 임금이 싼 인도인을 노동자로 데려온다. 이후 80년간 150만 명에 이르는 인도인들은 북아프리카와 카리브해의 고무나무 농장과 식민지에서 계약직 노동자로 일하게 된다. 그 당시의 인도인들은 임금과 함께 그들의 먹거리에서 가장 중요한 커리와 쌀, 렌틸콩lentil, 우리나라의 녹두와 비슷하다 등을 보급받기로 하였고, 이후 커리는 전 세계에서 가장 인기 있는 이국적인 향신료로 발전하기 시작한다.

스튜를 좋아하는 영국인들이 브라운 루서양요리에서 소스나 수프를 걸쭉하게 하기 위해 밀가루를 버터로 볶은 것가 아닌 인도의 복합 향신료 '가람 마살라'를 이용하여 카레 스튜를 만들어 먹기 시작했고, 또 영국식으로 꿀과 사과를 가미하여 달콤하면서도 상큼한 맛을 내어 먹기도 했다.

당시 선진 항해 기술을 배우러 간 일본 해군이 동양인답게 카레 스튜를 밥에 부어 먹었는데, 이것이 후에 일본식 카레라이스로 발전한다. 지금은 일본 해상 자위대가 금요일 저녁마다 카레라이스를 먹는 것이 전통이 되었는데, 바다에 나가 있는 동안은 날짜 개념이 없어지기 때문에 '카레라이스가 나오는 날은 금요일'이라고 인지를 하도록 했다 한다.

##  일요일은 오뚜기 카레

우리나라에는 1940년대에 카레가 전해졌고, 1968년 분말카레인 '오뚜기 카레'가 시장에 출시되면서 전국적으로 보급되었다. 물론 앞에서 언급한 '요일 인지perception' 기능과 함께 말이다. 내가 세대를 나누는 기준 중에 한 가지 예가 있다. '일요일'이라는 글자를 보고 떠오르는 광고가 무엇인지 물어서 '일요일은 오뚜기 카레'가 떠오르면 베이비붐 세대이고, '일요일은 내가 짜파게티 요리사'가 떠오르면 X세대이다. 우리는 언제부터인지 광고를 통해 '주말 즈음이면 오뚜기 카레'를 먹는 날이라고 인지를 당해 온 것이다.

카레는 대량생산이 쉽고 조리법이 간단해서 학교 등의 급식으로 나오기 유리하다 보니 단체급식 메뉴에서 빠뜨릴 수 없는 음식이 되었고, 급식이 아니더라도 우리나라에서 많은 이들이 먹는 요리가 되었다.

카레라이스를 만들 때 토마토소스와 레드와인을 가미하면 색이 더 진해지고 풍미가 좋아진다. 그리고 강황 맛이 강한 우리나라 카레에 큐민 파우더cumin powder를 살짝 넣으면 비싼 일본의 고형 카레를 사용하는 것보다 더 맛있고 고급스러운 맛을 낼 수 있다.

2002년
월드컵이 낳은
또 하나의 기적,
치맥

　퇴근길, 동네 어귀에 새로 생긴 치킨집을 보니 치킨에 맥주를
한잔하고 싶어진다. 아내에게 전화를 걸어 오늘 저녁으로 프라이드
치킨을 먹는 게 어떠냐고 물어보니 자기도 맥주를 한잔하고 싶다고
한다. '치맥'으로 저녁을 대신해야겠다고 생각하며 프라이드치킨을
한 마리 사 들고 집으로 향한다.

　프라이드치킨과 맥주 두 캔을 들고 집으로 향하는 도중에 갑자
기 돌아가신 아버지가 떠올랐다. 아버지께서 월급을 타시던 날이면
기름이 배인 노란 봉투에 담긴 닭튀김을 사서 들고 오시던 추억 때
문이다. 어릴 적 동네 중국집에서 탕수육 반죽을 묻혀서 튀겨 팔던

닭튀김이 내가 처음으로 먹었던 '프라이드치킨'이었다. 아버지께서는 월급날이면 항상 친구 아버님이 운영하시던 중국집에서 닭튀김 한 마리를 사 오셨다. 급여를 계좌 이체를 하는 것이 아니라 만원짜리를 봉투에 넣어주던 시절, 월급봉투와 함께 가져오시는 닭튀김을 온 가족이 모여 나눠 먹었다. 노란 봉투 안에 담긴 닭튀김의 냄새가 넓지 않은 안방을 가득 채우고, 어머니께서 내게 용돈을 주셨으며, 아버지께서 소주를 한잔하시며 환하게 웃으시던 그때가 내 어린 시절의 가장 풍요롭고 행복했던 순간이었다.

 ## 프라이드치킨의 역사

프라이드치킨은 많은 사람들이 알고 있듯이 미국 남부에 정착한 스코틀랜드의 이민자들과 흑인으로부터 큰 영향을 받아 만들어졌다. 먹을 음식이 늘 부족했던 흑인 노예들이 미국 남부의 백인 농장주들이 먹지 않는 부위인 닭목과 닭 날개를 튀겨 먹기 시작한 것에서 유래했는데, 패니 플래그의 동명 소설로도 유명한 '프라이드 그린 토마토'라는 이름을 가진 미국 남부의 요리는 땅에 떨어진 설익은 토마토까지 튀겨 먹던 흑인 노예들의 고된 역사를 가늠케 한다.

1800년대의 미국은 돼지고기가 소고기보다 인기가 있던 시절이어서 돼지고기 지방라드은 비교적 풍부했다. 북아프리카의 대표적인 튀김 조리법과 양돈의 부산물로 나오는 풍부한 돼지 지방, 미국 남부 지역의 무더운 기후라는 세 가지 조건이 한데 모여 미국 남부의 대표적인 음식이 될 프라이드치킨을 만들어낸다. 프라이드치킨은 냉장 시설이 없던 1800년대의 더운 날씨에서도 오랫동안 보관할 수 있었기에 남부 사람들이 선호하는 음식이 된다.

1950년대까지만 해도 흑인 노예들이 먹는 음식으로 인식돼 미국 전역에서 천시를 받았지만, 프랜차이즈 산업의 유행과 함께 KFC의 설립자인 '할랜드 샌더스'가 '켄터키 프라이드치킨'을 창업하면서 '프라이드치킨'은 남부를 대표하는 요리로 거듭난다. 지금 KFC가 속해 있는 얌브랜드Yam! Brands는 맥도날드 다음가는 프랜차이즈 외식 업계의 큰손이다.

##  영양센터부터 양념치킨까지

우리나라 프라이드치킨의 역사는 한국전쟁 때 미군으로부터 시작된다. 1960년대 미군 부대에서부터 양식요리를 배워온 호텔 요리사 1세대 선배님들로부터 우리나라 요리의 현대사를 많이 들었는데, 미군 부대에서 스크램블을 처음 배웠던 이야기부터 프라이드치킨을 탕수육인 줄 알고 튀기던 이야기까지. 지금 생각해보면 안주보다 더 맛있고 유용한 경험담이었다.

한국전쟁 이후 남한의 가축은 전시의 물자 보급으로 소모되어 급격하게 줄어들지만, 이후 1962년 제1차 경제개발 5개년 사업의 시작으로 낙농·양계 분야도 정부의 지원 아래에서 지속적인 발전을 이루게 되었다. 특히 닭은 소나 돼지보다 생육이 빠르고 달걀 생산도 가능하다는 이점이 있어 국민들의 단백질 보급원으로 급성장하였다. 1960년대부터 가정에서 닭백숙이 식탁에 자주 등장하고, 전기구이 통닭 등의 유행과 함께 외식업의 가장 중요한 식재료로 꼽히게 된다. 이어 1970년대 초반 오뚜기와 해표 같은 식품회사들에서 쇼트닝<sup>튀김용 경화유</sup>과 식용유를 출시하면서 닭튀김이 등장하기 시작한다.

양계업의 발전, 튀김 기술의 생산과 미공법 480조<sup>해외원조를 가능</sup> <sup>하게 한 미국 헌법</sup>로 인해 저렴한 가격으로 원조받은 풍부한 밀가루와 같은 여러 배경은 대한민국의 프라이드치킨이 유행할 수 있는 바탕이 되었다. 1970년대에 이르러서는 재래시장에서도 튀김닭이 팔리기 시작했으며 1977년 우리나라 최초의 프라이드치킨 프랜차이즈 '림스치킨'이 신세계백화점 지하 식품 코너에서 개업했다. 이후 양념치킨을 처음 도입한 페리카나치킨, 멕시카나치킨 등이 1980년대 초반 프라이드치킨 산업의 유행을 선도하였고, 이후로는 전국 어느 동네에서도 프랜차이즈 치킨집을 볼 수 있게 된다. 1984년에는 맥도날드보다 먼저 KFC가 종로에 첫 매장을 개점하면서 프라이드치킨의 전성시대를 예고한다.

그러나 이때까지만 해도 맥주와 치킨은 환상의 궁합이 아니었는데, 당시에는 주류 중에서 맥주가 비싼 편이었기 때문에 치킨과 소주를 함께 먹는 것이 일반적이었기 때문이다.

##  2002년 월드컵과 치맥 문화

치맥이라는 음식문화는 2002년 한·일 월드컵과 함께 등장한다. 월드컵 4강 진출은 대한민국을 뜨거운 축제의 장소로 만든다. 축제에는 술과 음식이 필요한 법. '치맥'은 월드컵에 편승해 한국인이 사랑하는 음식문화의 상징으로 여겨지게 되고 2000년대 1인당 국민소득이 1만 5천 달러를 넘는 시대가 도래하면서 맥주는 대중주酒의 지위를 획득한다. 이때부터 '치맥'이라는 신조어가 각종 포털 사전에 오르기 시작하였고, 이후 치맥은 하절기 직장인들의 퇴근 후 음주문화를 넘어 온 국민의 사랑을 받는 새로운 조합으로 인정받는다.

2016년도 한 해 한국인의 1인당 평균 닭고기 소비량은 14kg로 1인당 열 마리 이상을 소비했다. 2000년대 초반 국민 1인당 닭고기 소비량이 7kg인 것과 비교하면 두 배 이상 상승한 수치인데, 우리나라 인구가 5천만 정도이니 연평균 5억 마리 이상의 닭이 소비된다고 볼 수 있겠다. 2016년에 전 세계에서 600억 마리의 닭이 도축되었다고 하니 각국에서 어마어마하게 많은 닭이 사육되고 있음을 알 수 있다. 인구가 많아질수록 닭을 포함한 가축의 사육은 늘어난다. 지구상에 살아가는 생물 중 현존 인류의 수는 76억여 명, 소 15억 마리, 돼지 10억 마리, 닭 160억 마리로 지구상의 생물 중 개체 수가 가장 많은 것은 닭이다.

다윈의 진화론을 잘 설명해주는 '강한 자가 살아남는 것이 아니라 살아남는 자가 강한 것이다'라는 말 대로라면 닭은 지구상 가장 개체 수가 많은 만큼 강해야 하지만 실상은 그렇지 않다. 그런 의미에서 단순히 살아남는 것보다 어떻게 의미 있게 살아남는가가 더 중요하지 않은가 싶다.

치맥과 함께하는 저녁에 어울리지 않는 뜬금없는 걱정이지만, 맥주 한 모금 마시며 어떻게 살아야 할지 생각해본다. 각박한 세상에서 소비당하는 가금류가 아닌 인간으로 태어나서 다행이라 생각한다. 월드컵과 프로야구 시즌에 좋아하는 이들과 모여 치맥을 하는 시간이 기다려진다.

양꼬치와
칭타오

아내가 한 번도 안 먹어본 음식이 '양꼬치'라는 말을 듣고 그럴 리가 없다며 펄쩍 뛰었지만 생각해보니 친구들과는 양꼬치집 문턱을 수도 없이 넘었지만 아내와 갔던 기억이 없다. 이참에 함께 가보자며 동네의 단골 양꼬치집으로 향한다. 꼬치구이집에 들어서서 항상 먹는 양꼬치와 칭타오맥주를 2인분 주문한다. 테이블에 앉아 아내에게 메뉴도 설명해주고 꼬치 굽는 법, 양꼬치에 같이 나오는 양념 '쯔란'도 설명해준다.

요즘 드라마와 영화에 자주 등장해서 궁금했다는 아내의 말에 왜 더 일찍 같이 오지 못했는지 미안한 마음이 앞선다. 아내와 함께

밥을 먹으러 나가면 늘 같은 메뉴와 단골집을 향하는 경우가 많고 새로운 메뉴는 잘 먹지 않게 된다. 앞으로는 새로운 맛집을 찾아 먹으러 다니자고 이야기하며 양꼬치를 도란도란 구워본다.

##  가장 쉬운 요리 기술 꼬치구이

인간이 불을 사용하기 시작한 시기는 79만 년 전부터로 추정되며, 인간이 불을 이용해 요리하기 시작한 것은 25만 년 전으로 추정된다. 인간이 요리하는 방법을 발견한 이래로 가장 초기의 육식 조리법이 나무 꼬챙이에 고기를 끼워 구운 것임을 생각하면 이 간단한 방법이 가장 쉽고도 음식을 맛있게 조리하는 방법임을 깨닫게 된다.

나이프와 포크, 젓가락과 숟가락 같은 기초적인 도구조차 없던 인류에게 꼬치는 인류 역사상 최초의 식용 기구였을 것이다. 이 꼬치는 요리를 위한 가장 보편적인 기구로 모든 문명과 국가에 전파되어 오늘날까지 이어져 오고 있다.

그리스의 키클라데스 박물관에서는 산토리니에서 발견된 2000년 전의 꼬치구이 기구를 볼 수 있다. 인류가 꼬치를 사용했다는 것은 많은 나라의 역사에 기록되어 있다. 구워 먹을 수 있는 모든 것, 즉 고기부터 채소와 과일, 곤충에 이르기까지 다양한 재료들이 꼬치에 끼워져 숯불 위에서 구워진다. 중동의 케밥부터 러시아의 샤실리크, 중국의 양꼬치, 우리나라의 산적과 일본의 야키토리까지. 꼬치를 굽는 방법은 물론 사용하는 재료나 기구도 전통적으로 사용되는 나무에서부터 금속 및 기타 장식 재료에 이르기까지 무척 다양하다.

현대에도 꼬치는 다양한 방식으로 사용되고 있으며 구미의 바닷가에서는 모닥불을 피우고 마시멜로를 구워 먹는 모습을 쉽게 볼수 있다. 우리나라의 경우 캠핑장에서 숯불에 삼겹살 구워 먹고 마시멜로나 떡을 구워 먹는 등 갖가지 꼬치구이를 즐기는 모습을 자주목격할 수 있다.

##  터키, 꼬치 요리의 꽃을 피우다

꼬치 요리는 중동과 페르시아 지역에서 꽃을 피웠다. 우리가 잘알고 있는 케밥이 바로 그것이다. 케밥의 종류는 최소 수십 가지가될 정도로 다양하며, 그중에서 대표적인 것으로는 다음과 같은 것들이 있다.

첫 번째는 시시 케밥shish kebab으로 잘게 썬 고기를 꼬챙이에 끼워 구워 먹는 것으로 양, 소, 닭 등 다양한 고기를 사용하며 채소를함께 끼워 먹기도 한다. 가장 역사가 깊은 케밥 중 하나이며 가장 대중적인 케밥이기도 하다. 미국에서 흔히 케밥이라고 하면 시시 케밥을 말한다.

두 번째는 도네르 케밥doner kebab으로 고기를 얇고 넓게 펴 큰 꼬챙이에 촘촘하게 끼운 후 숯불 앞에서 회전시키며 굽는다. 먼저 익는 바깥쪽 부분부터 잘라내어 빵에 싸서 먹는데, 이러한 방식으로 먹는 케밥은 모두 도네르 케밥으로 분류한다. 고기를 끼우는 크기와 모양, 굽는 방법, 서브 방식이 달라 다른 요리라고 생각되지만, 꼬치에 끼워 굽는다는 방식은 같기 때문에 이름은 달라도 둘 다 케밥의 범주에 들어간다.

사막 지역인 중동에서는 불을 피우기 위한 나무가 풍부하지 않아 육류를 조리하기 위해서는 빨리 익혀 먹을 방법이 필요했는데 그러한 조건을 만족하는 요리가 바로 고기를 잘게 썰어 꼬치에 끼워서 익혀 먹는 케밥이었다. 그래서 중동과 중앙아시아 지역의 고원과 초원, 사막 지역에서는 꼬치 요리인 케밥이 발달하게 되었다. 이와 달리 나무가 풍부한 유럽 지역은 장작을 태워 열을 얻는 오븐으로 구이 요리와 바비큐 요리를 즐겨 먹게 된다.

빵 역시 오븐에서 오랜 시간을 들여 구워낸 유럽의 크고 풍성한 빵과는 달리 중동에서는 난naan이라는 넓고 평평한 철판 위에서 앞뒤로 구운 빵을 먹는다. 인도 델리에 위치한 탄두르tandoor라는 항아리 오븐에서 구워지기 시작한 것이 난의 시작이었다.

전기와 화석연료가 보급된 현대에 이르렀어도 중동에서는 케밥이 인기이고, 우리나라와 일본 등 동아시아에서는 된장찌개와 같은 국물과 밥, 서양에서는 빵과 구운 고기를 즐겨 먹는다. 아이러니하지만 전통의 맛이 잘 변하지 않는 걸 보면 조리기술뿐만 아니라 각 나라에서 나는 식자재들은 각국의 전통적인 방법으로 조리를 할 때 가장 맛있는 것 같다.

##  중앙아시아의 샤슬릭

샤슬릭은 러시아와 중앙아시아의 일반적인 육류 조리법으로 중동보다 고기가 크고 두툼한 것이 특징이다. 아제르바이잔어인 '시시shishi'는 꼬치를 뜻하는 단어이며, 시시 케밥은 shishlik시슬릭이라는 꼬치 요리로 중앙아시아와 러시아 지역으로 퍼져 러시아 음식의 대명사인 샤실리크shashlik로 발전한다. 샤실리크는 러시아와 중앙아시아의 일반적인 육류 조리법으로 중동보다 고기가 크고 두툼한 것이 특징이다.

북유럽 동토의 매서운 추위가 느껴지는 러시아에서는 19세기 초반까지도 채소가 자라지 않는 척박한 기후와 토양으로 인하여 셀러드는 거의 없었으며, 러시아에서 처음 등장한 샐러드는 특정 채소만을 중점적으로 사용한 것으로 감자 샐러드와 양배추 샐러드 등으로 이름 지어진 간단한 요리에 불과했다. 그로 인해 러시아의 식문화는 육류를 이용한 음식이 대다수를 이루게 된다. 간단한 열원에 다량의 꼬치를 구워 최대한의 에너지를 보충하는 것이 '먹는 것'의 최대 목표였기 때문이다. 샤실리크는 이 모든 조건을 만족하는 요리이기에 금세 러시아의 대표적인 요리로 자리 잡게 되었다.

샤실리크라는 명칭은 18세기의 러시아-터키 전쟁 중 카자크 자포로지예와 러시아의 군인들에 의해 처음 러시아에 알려졌으며, 이 음식이 본격적으로 러시아에 들어온 것은 19세기 말엽이다. 본래 중앙아시아 지역에서는 양고기 꼬치를 주로 먹었으나, 러시아로 넘어오고 나서는 쇠고기, 염소고기, 닭고기, 양고기, 생선 등의 다양한 형태로 발전되었다.

현대의 러시아에서는 식당에서 샤실리크를 먹기도 하지만, 현지 러시아인들은 주로 길거리 음식으로 샤실리크를 즐겨 먹고, 우리나라에서 삼겹살을 구워 먹듯 여러 사람과의 모임에서 자주 구워 먹는다.

양꼬치는 '꼬치에 구운 작은 양고기 조각'이라는 뜻의 '양육찬<sup>羊</sup>肉串, yáng ròu chuàn'이라고 불린다. 찬<sup>串</sup>이라고 불리는 꼬치구이는 중국 북동부 신장 지역에서 유래한다. 중국의 이슬람 지역인 신장

위구르족의 지역 요리였으나 중국의 대중적인 길거리 요리가 되어 북경과 천진까지 널리 퍼지게 되었다.

꼬치구이는 전통적으로 중국에서 돼지고기 다음으로 흔한 고기인 양고기로 만들어졌지만, 요즈음은 닭고기부터 곤충까지 다양한 재료로 만들어지고 있다. 특히 일부 관광지역은 지역 특산과는 관계없이 다양한 곤충과 조류, 해산물 등을 이용하기도 한다.

양꼬치는 일반적으로 특별한 양념 없이 소금만 뿌리고 구워서 '쯔란'이라는 소스에 찍어 먹는다. 쯔란은 말린 커민 시드, 고춧가루, 소금, 후추, 참깨를 섞어 만든다. 양꼬치에서 빼낸 양고기를 중국식 시안빙馅饼, xiàn bǐng이라는 빵 안에 넣고 쯔란을 발라서 먹기도 하는데, 맛이 상당히 좋다.

일본에서는 쿠시카츠串カツ와 야키토리焼き鳥, 즉 꼬치 튀김과 새 구이라는 이름의 꼬치 요리가 대중적이다. 그중 닭고기 사이에 대파가 꽂혀있는 네기마ねぎま가 가장 인기 있는 닭고기 꼬치구이다. 쿠시카츠는 꼬치에 여러 재료를 꽂아 기름에 튀겨 내는 일본 요리로, 튀김요리가 길거리 음식으로 변화된 요리이지만 요즘은 맥주 안주로도 인기가 높다. 일본에서 가장 인기 있는 스트리트 푸드로 여겨지는 야키토리는 에도시대부터 존재했다고 전해지며 오코노미야키, 야키소바와 함께 일본의 3대 길거리 음식에 속한다.

서울의 이태원이나 경기도 안산의 다문화거리에 가면 한국에 온 전 세계 수많은 나라의 사람들이 모여 다양한 문화가 뒤섞인 이 국적인 풍경을 만들고 있는 것을 볼 수 있다. 이처럼 이제 서울은 다 양한 나라의 음식점들이 혼재하고, 여러 나라에서 온 셰프들이 그들 의 입맛을 우리에게 전파하기도 하는 다채로움이 가득한 국제도시 가 되었다.

# Menu

참치회와 냉장고의 발명

바다의 소고기, 연어

소시지의 세계 식탁 점령기

바늘엔 실, 파스타엔 포크

장어 덮밥을 먹을 수 없게 된다면?

# 맛있는
# 음식에는
# 이유가 있다

# 참치회와 냉장고의 발명

조리학과 교수라는 직업은 가끔 주변인들에게 약간의 기대와 환상을 품게 만드는 듯하다. 예를 들어 주변 사람들과 고기집을 가서 고기를 구울 때라든가 여행 중에 식당을 고를 때, 또는 집으로 식사 초대를 하는 등의 경우에 말이다. 조금 과장된 이야기지만 이럴 때 주변 사람들의 얼굴에서 '얼마나 잘 굽고, 고르고, 맛있는지 지켜볼 거야!'라고 기대하는 표정을 보게 된다.

혼자만의 생각일 수도 있지만 이런 경우, 직업병처럼 부담감과 강박증이 찾아오곤 한다. 그래서 자연스럽게 그 기대에 부응해야 할 것 같은 작은 사명?을 느끼게 되는데, 고기 하나도 정성껏 구워 주변 사람들과 맛있게 먹고, 맛집을 고를 때도 신중을 기하여 가성비 좋은 곳을 고르며, 집으로 지인들을 초대할 때는 멋진 저녁 시간을 보낼 수 있도록 좋은 와인과 요리를 준비한다. 이럴 때면 꼭 받는 질문이 하나 있다. '요리가 직업인 분들은 어떤 음식이 제일 맛있나요?'라는 것이다. 그럼 나는 이렇게 대답한다.

"남이 해주는 음식이 제일 맛있습니다!"

사실 나는 친구와 함께 동네의 분위기 좋은 참치집에서 그곳 '실장님들'이 서브해주시는 참치회를 먹으며 일상을 이야기하는 순간을 좋아한다. 젊었을 적에는 숯불에 고기를 구워 먹으며 도란도란 이야기를 나누는 것을 참 좋아했지만, 중년이 된 지금은 참치집을 더 좋아하게 되었다.

 ## 참치와 냉장고

참치는 우리나라에서도 많이 소비되는 대중적인 생선이지만 일본의 참치 사랑을 따라갈 수는 없을 듯하다. 지금 일본인들의 참치 소비량과 애정은 참으로 대단하지만 일본인들이 참치를 좋아하게 된 것은 의외로 근래의 일이다. 참치는 고대 때부터 소비되어 온 것으로 보이지만 참치회가 대중화된 것은 겨우 50년 정도밖에 되지 않는다. 일본에서 참치는 '고양이도 외면하는 생선'이라 할 정도로 소비되지 않는 생선이었다. 쉽게 상하는 고약한 생선으로 여겨졌기 때문이다. 모든 생선이 그러하지만 심해 어종인 참치는 잡자마자 방혈放血을 하고 내장을 제거하여 얼음을 채우지 않으면 지방이 풍부하므로 상하기 쉬워 싱싱한 상태로 유통하기 쉽지 않았다. 그로 인해 음식 역사의 뒤안길로 사라질 것만 같았던 참치였지만 냉장고의 발명이 참치를 다시 양지로 이끌게 된다.

음식의 역사에서 불의 발견만큼이나 냉장 기술의 발전은 새로운 가능성과 창조를 부여했다. 1748년 영국의 윌리엄 컬런 교수가 에틸에테르를 반 진공상태에서 기화시켜 얼음을 만드는 데 성공했다. 이후 발전을 거듭하다가 미국의 제너럴일렉트릭이 1911년 최초의 가정용 냉장고를 상용화하는 데 성공한다.

옛날에는 생선회라고 하면 날것 그대로가 아니라 우리나라의 홍어회나 가자미식해처럼 익히지 않고 발효한 생선인 '나레즈시なれずし'를 말했다. 그러나 냉장고가 각 가정에 보급되자 발효된 생선이 아닌 '선어鮮魚'가 생선회의 의미로 쓰이기 시작한다. 우리가 알고 있는 광어, 우럭 등 흰 살 생선이 '생선회'로 유통되기 시작하면서 '고양이도 외면하는 생선이었던 참치'에 대한 인식도 바뀌어 갔다.

그제야 참치가 먹을 만한 횟감으로 밥상에 오르기 시작했고, 생선의 지방을 좋아하는 일본인들의 특성상 참치의 배꼽살과 뱃살이 점점 인기를 더해 갔다. 상태 유지와 유통이 어려워 기피의 대상이었던 참치지만 냉장 기술의 발달에 따라 이제는 일본을 비롯해 세계인의 사랑을 받고 있다. 참치회의 역사는 그야말로 냉장의 역사와 함께한다고 볼 수 있다.

##  냉장 참치의 시대가 도래하다

일본 근해에서 잡히는 참다랑어<sup>bluefin tuna, ほんまぐろ</sup>는 어민들에게 로또라 불릴 정도로 수확량이 많지 않아 대중화되기에는 공급이 부족한 생선이었다. 1960년대까지는 일본에서도 비싼 냉장 참치를 회로 먹는 일은 쉽지 않은 일이었지만 1970년대에 일본항공의 손실을 줄이기 위해 발명된 참치용 냉장 컨테이너 덕에 참치는 일약 일본의 '국민 생선'으로 등극하게 되었다.

사샤 아이센버그<sup>Sasha Issenberg</sup>의 저서 《스시 이코노미<sup>Sushi Economy</sup>》에 따르면 냉장 컨테이너의 발명의 시작은 이렇다. 1970년대에 들어 소니<sup>SONY</sup>를 비롯한 일본 전자회사들은 대미 수출의 전성기를 맞이하게 된다. 수출 길은 태평양을 건너는 해상수송도 있었지만, 급송 항공화물도 늘기 시작했다. 그런데 항공화물이 늘어난 일본항공JAL에 새로운 문제가 생겼다. 미국 왕복 항로에서 돌아오는 비행기의 화물칸이 늘 비어 있어 경제성이 떨어지는 것이었다. 이에 문제의 해결방안으로 돌아오는 항공화물에 일본에서 고가에 팔리는 미국산 냉장 참치냉동 참치가 아닌를 실어오고자 하는 방법이 대두되었는데, 냉장 참치를 실어오는 냉장유통 기술이 난관이었다. 일본항공은 이 문제를 해결하고자 고군분투하였고 여러 가지 실험을 거쳐 일본항공 화물담당 직원의 아이디어를 바탕으로 냉장 컨테이너를 제작한다. 냉장 컨테이너에 보관된 대서양의 냉장 참치는 비행기를 타고 하루 만에 일본으로 운반되어 유통되기 시작했으며 이로써 일본은 냉장 참치에 열광하게 된다.

 **참치회의 부위**

참치는 일반적으로 '다랑어류와 새치류'를 포함하는 통칭으로 사용되고 있다. 참치에는 여러 종류가 있는데 첫 번째, 일본에서 혼마구로라고 불리는 '참다랑어'는 참치 종류 중 가장 크고 비싼 생선으로 일본에서 냉장 유통될 경우 수억 원을 호가할 정도로 비싼 값을 자랑한다. 두 번째는 눈이 커서 '눈다랑어Big eye Tuna'라고 불리는 참치이다. 일반적인 참치집에서 유통되는 종으로 우리가 많이 먹는 참치이다. 세 번째는 황다랑어Yellowfin Tuna로 위에서 소개한 참다랑어와 눈다랑어에 비해 품질과 맛에서 조금 뒤처지기 때문에 주로 무한리필 참치집이나 뷔페 등에서 저렴한 횟감으로 취급한다. 네 번째로는 날개다랑어<sup>Albacore, Longfin Tuna</sup>로 기다란 날개가 있는 것이 특징이며, 북미에서는 횟감으로도 쓰이나 한국에서는 소비량이 많지 않다. 마지막으로 가다랑어<sup>Skipjack Tuna</sup>로 다랑어 중 크기가 작고, 가격이 저렴하여 참치 통조림을 만드는 데 사용된다. 일본에서는 훈연한 말린 가다랑어로 '가쓰오부시'를 만들어 육수를 만드는 등 각종 요리에 쓰고 있다. 또한 우리가 흔히 아는 '참치 타다키'도 가다랑어로 만든다. 그리고 참치집에서 먹는 '흰 살'은 다랑어가 아닌 새치로서 황새치<sup>Striped Marlin</sup>와 청새치<sup>Blue Marlin</sup>로 구분된다. 황새치와 청새치도 뱃살이 가장 맛이 좋은 부위로 꼽히며 그만큼 인기가 있어 '메카도로'라 불리며 많이 유통된다.

참치의 부위를 분류하는 것은 소, 돼지의 부위별 분류와 비슷할 정도로 매우 복잡하다. 참치를 부위별로 나눠보면, 크게 위쪽의 등살<sup>아카미</sup>과 아래쪽 뱃살<sup>도로</sup>로 나눌 수 있다. '어두육미'란 말이 있듯, 머리 쪽으로 갈수록 대부분이 비싼 부위이고, 꼬리 쪽으로 갈수록 부위의 가격이 싸다. 참치 머리에 있는 살은 아주 조금만 나오는 특수부위라 하여 가격이 이루 말할 수 없을 정도로 비싸진다.

다음으로 등살보다 뱃살 부위가 비싸다. 뱃살은 지방이 고루 분포된 마블링이 좋은 부위로, 참치의 내장을 제거하고 나면 수율<sup>yield</sup>이 월등히 떨어져 등살에 비해 생산량이 적다. 뱃살은 아가미 아래쪽부터 '가마도로', '오도로', '주도로'라 불린다. 가격은 다른 부위와 마찬가지로 아가미 쪽이 가장 비싸고, 꼬리로 내려올수록 떨어진다. 등 쪽 빨간색 부분은 아카미라 불리는데, 머리와 꼬리 중간 부위를 가장 맛있는 아카미로 친다.

일반적으로 참치 부위는 지방 분포도에 따라 가격이 다르게 매겨지는데, 참치집에 가면 기본, 스페셜, 특선으로 메뉴가 나뉘며 가격이 올라갈수록 빨간 아카미보다는 지방이 잘 분포된 도로 부위와 특수 부위를 많이 서브받게 된다. 참치 먹은 날, 빨간색보다 분홍색이 기억이 많이 나면 비싼 부위를 먹었을 가능성이 높다. 흰색 지방으로 감싼 부분이 가마도로, 아래쪽 하얀살은 메카도로, 가마도로 위쪽 빨간색 살은 아카미다.


주말, 초·중·고등학교 동안 동창이었던 죽마고우와 함께 동네에 있는 참치집을 방문했다. 서로 여러모로 바빠 자주 만나지는 못했던 만큼 가끔 이렇게 만나 소주 한잔하며 이야기를 나누는 시간이 참 소중하다. 나이가 든다는 것은 지나가는 청춘에 대한 아쉬움과 함께 조금씩 삶의 여유를 찾아가는 과정인 듯하다.

동네에 친구와 함께 부담 없이 한잔 마실 수 있는 단골 참치집이 있다는 것도 커다란 '행운'인 것 같다. 인심 좋은 참치가게의 실장님이 내주시는 참치회와 함께한 친구와의 저녁 식사는 참으로 행복한 시간이다.

9월부터 11월까지는 연어의 산란철이어서 살이 오르고 알이 꽉 찬 '연어'를 만날 수 있다. 연어 요리에는 속살이 부드러운 연어 스테이크, 된장소스를 바른 연어된장구이, 연어 머리 조림 등 여러 가지가 있지만 나는 그중에서도 그라브락스glavrax라고 불리는 북유럽식 절임 연어를 가장 좋아한다.

그라브락스는 소금과 설탕에 연어를 절인 후 딜dill이라는 허브를 듬뿍 뿌려 호밀빵과 함께 먹는 북유럽의 전통적인 연어 요리로, 훈제 연어와 함께 세계적으로 사랑받는 요리이다. 이케아에 가면 가구는 뒷전이고 이 그라브락스를 몇 팩씩 집어 들곤 한다.

달걀을 삶고, 레몬을 잘라 옆에 준비해 놓은 다음 양파를 얇게 썰어 놓는다. 그리고 케이퍼caper, 연어와 먹는 북유럽식 짠지와 딜 허브 향을 듬뿍 머금은 드레싱 옆에 호밀빵을 준비하면 그라브락스를 즐길 수 있다.

콧노래를 흥얼거리며 준비하는 내 모습이 마치 가을철 강가에서 연어를 갓 잡은 야생 불곰 같지 않을까 생각하며 연어를 입에 넣는다.

##  북유럽 최고의 미식

살이 붉고 크기가 큰 참치tuna와 연어salmon는 바다의 쇠고기와 같은 존재로 여겨지고, 살이 희고 연어보다 작은 대구cod는 돼지고기로, 크기가 작고 개체 수가 많아 가격이 싼 고등어mackerel는 바다의 닭고기라고 불린다. 이 중에서도 연어는 '바다의 황태자'로 여겨지며 동서양을 막론하고 가장 인기 있는 어종에 속한다.

독일을 포함한 북유럽에서는 최고의 미식으로 꼽히며, 동양보다는 서양에서 인기 있는 어족 자원이지만 요즈음은 다크서클에 특효약이며 영양과 소화도 잘되는 생선으로 유명해져서 우리나라에도 연어 마니아들이 늘어나고 있다.

북유럽 스칸디나비아반도에서 연어는 매우 풍부한 어족 자원이기 때문에 연어 레시피가 다양해진 것은 당연한 이치인지도 모른다. 냉수성 어종인 대서양 연어가 바닷물에서 다시 회귀하여 가을철에 스칸디나비아반도의 강가로 돌아올 때 한꺼번에 많은 연어를 잡을 수 있다. 대량으로 잡은 연어를 보관하기 위해 훈연하여 훈제 연어를 만들거나 소금에 절인 후 구덩이에 묻어 연어를 발효시켜 먹는다. 이 요리는 구덩이를 뜻하는 그라브grav와 연어의 스웨덴어인 랙스lax가 합쳐져 그라브락스라는 이름으로 불리게 되었다.

연어 절임인 '그라브락스'는 현대 뷔페의 원형이 되는 북유럽의 식사 방식인 '스모가스 보드smörgåsbord'에 내놓는 요리였다. 명절이나 손님을 초대할 때 그라브락스와 미트볼, 호밀빵, 달걀과 허브 등 척박한 동토의 지역인 북유럽의 식단에서 준비할 수 있는 최고의 재료들을 모아 테이블에 놓고 뷔페처럼 여럿이 나누어 먹을 수 있게 한 것이다. 스웨덴어인 스모가스 보드는 샌드위치를 뜻하는 '스뫼르고스smörgås'와 식탁을 뜻하는 '보르드bord'로 구성된 단어이다.

애피타이저부터 디저트까지 순차적으로 내놓는 남부 유럽의 '시간 전개형코스 요리' 식사 방식이 아닌 우리나라와 중국의 식사 방식처럼 한상에 모든 음식을 놓고 먹는 '공간 전개형' 식사를 북유럽에서는 선호하였다.

## 노르웨이 국부의 비결, 수산업

우리나라에서 노르웨이는 팝 그룹 A-Ha의 〈Take on me!〉와 노르웨이 고등어로 유명한 북유럽 스칸디나비아 3국 중의 하나 정도로 인식되고 있다. 하지만 노르웨이는 세계은행에서 정한 1인당 국민소득이 4위에 이르는 부국으로 2017년 세계 행복 보고서World Happiness Report에서 1위를 차지하기도 했으며, 북유럽 최고의 공공 청렴도 지수와 민주주의 지수에서 1위의 면모를 자랑하는 나라이다. 또한 세계에서 가장 낮은 범죄율을 기록할 만큼 안전한 나라이다. 건강과 교육 등 44가지 지표를 기반으로 한 '웰빙' 자료 조사에서 노르웨이는 유럽에서 가장 행복하고 안전한 국가 1위에 오르기도 올랐다.

북유럽의 노르웨이는 왜 이렇게 잘살까? 노르웨이는 인구 490만으로 서울의 절반밖에 되지 않으며, 전 국토의 3%만이 경작 가능하여 농업 생산은 미미하나 해운업 및 어업이 크게 발달한 나라이다. 영국과 공동으로 개발한 북해 유전에서 1975년부터 시작된 원유 및 천연가스의 생산은 노르웨이 경제의 새로운 활력소가 되고 있지만, 1945년 2차 세계대전 이후 노르웨이는 수산업과 해운업을 필두로 발전을 거듭하여 유럽의 부국으로 발돋움했다.

1946년 세계 최초로 수산부를 만든 나라답게 노르웨이는 세계 최초로 연어 양식에 성공했다. 그리고 연어 양식 회사인 마린 하베스트Marine Havest사는 전 세계 최대 양식 연어 생산회사로 노르웨이의 국부를 창출하는 데 매우 큰 역할을 했다. 세계에서 연어를 가장 많이 생산양식하는 나라답게 연어는 석유, 광물과 함께 노르웨이의 3대 수출품에 속한다. 전 세계 연어 시장은 연간 생산량 약 4천 3백만 톤, 경제 규모로 환산하면 20조 원 규모이며, 연어 가공시장을 포함할 경우 약 60조 원에 이른다. 그리고 양식용 사료산업, 가두리 제조산업, 물류와 유통 그리고 수산물 가공산업, 서비스산업을 포함할 경우 수백조 원에 이를 것으로 추정하고 있다. 이런 연어의 산업 시장과 환경을 바탕으로 노르웨이의 다국적 기업인 마린 하베스트사의 '연어'는 노르웨이의 국부國富를 만들어낼 수 있는 해양수산자원으로 발전했다.

시중에 유통되는 연어는 대서양 양식 연어로 전 세계에서 유통되는 연어의 97%를 차지하고 있다. 우리가 알고 있는 강물을 거슬러 오르는 '자연산 연어'의 유통은 단지 3%밖에 없는 귀한 연어들이다. 식탁에 오르는 수산물은 자연 상태의 바다에서 잡아온 것이라는 인식과 달리 양식 기술의 발달로 현재 웬만한 해산물은 바다 농장에서 양식되어 우리의 밥상에 올라오게 된다.

## 바다의 생태계를 파괴하는 트롤Trawl 방식 어업

어업은 일반적으로 4가지로 구분되는데, 민물어업과 연안어업, 원양어업과 양식업으로 구분된다. 이 중 연안어업과 원양어업에 사용되는 트롤trawl, 저인망 방식의 어업은 물고기를 가장 많이, 그리고 효과적으로 잡을 수 있는 어업 방법에 속한다. 하지만 저인망 어법은 거대한 그물로 바다 중간에 사는 어족류대구, 고등어 등와 바다 바닥에 사는 어류까지 무차별적으로 포획하는 '바다의 벌목'이라 불리는 어업방식으로 어족 자원의 보호와 바다 속 생태계에는 재앙과도 같은 어업 방식이다.

가끔 중국 어선들이 우리 근해에 와서 쌍끌이 어선 방식, 즉 배두 척이 양쪽에서 기다란 날개그물을 쳐 같은 방향으로 끌고 가면서 배 사이에 있는 고기를 잡는 방식으로 서해의 어류를 싹쓸이한다는 뉴스를 접할 수 있다. 쌍끌이 저인망의 폐해는 '수산 어종을 포획해 갔다'는 것보다 '수산 환경을 파괴했다'는 것에 방점을 두어야 한다. 그래서 우리나라도 법안을 만들어 저인망식 어업을 할 때 그물의 형태 및 크기, 그물눈의 크기, 조업 수심, 가능 지역 등을 엄격하게 제한하며 관리하고 있다.

중국의 경우 중국 근해에서 마구잡이 포획 방식으로 치어까지 잡아들여 생태계가 파괴되기에 이르자, 중국 연안에서는 물고기가 잡히지 않아 우리나라의 경계 수역까지 중국 어선들이 넘어오는 실정이다.

##  새로운 대안, 바다 농장

북유럽에서는 이런 저인망식 어업으로부터 어족 자원을 보호하고 안정적인 수산물을 공급하기 위하여 거대한 크기의 근해 양식offshore aquaculture으로 '바다의 농장'을 운영하고 있다.

근해양식은 연안 케이지에서 원하는 어종을 양식하는 것으로 어업의 새로운 접근 방식이다. 해양 생물 양식장은 연안의 깊은 바다로 거리를 이동하여 생선들이 자랄 수 있는 케이지를 만들어 일반 양식장보다 수심이 더 깊은 바다에 위치하며, 해류가 해안에 비해 강한 곳에 위치해 있다. 양식장을 깊은 바다로 이동시키면 수산양식업 생산을 확대할 수 있는 더 많은 공간을 제공받게 된다. 더 넓은 바다로 나아갈 수 있기 때문이다. 즉 이전의 일반어장이 소규모 농장이라면 근해양식은 그 해수역의 확장성이 깊고 넓어져 광활한 해양 농장이 펼쳐지게 되는 셈이다.

이 새로운 어업 기술로 인하여 노르웨이는 세계 최대의 연어 수출국의 위치에 올라섰으며, 뒤이어 영국과 칠레, 캐나다, 호주 등이 거대기업형 근해양식을 하고 있다. 연어 양식 국가의 공통점은 차가운 해수가 흐르는 해역에 위치한다는 점에 있다.

요즘은 노르웨이산 고등어가 제주도 고등어찜 전문 요리점에도 오르는 걸 보면서 새삼 북유럽의 해산물 양식 기술과 현대 어업 기술의 발전에 놀라게 된다.

내가 가르치는 수업 중에는 '가르드망제garde manger'라고 하는

차가운 요리를 만드는 시간이 있다. 예를 들면 수제 소시지와 수제

햄, 파테와 테린 등을 만드는 것인데, 학생들은 그중에서도 수제 소

시지를 만드는 것을 가장 좋아한다. 처음 접하는 육중한 육가공 기

계와 기구들을 다루어 소시지 케이싱에 유화된 포스 미트force meat

를 넣고 삶아 '유화형 소시지emulsified sausage'를 완성하는 경험이 색

다르게 다가오기 때문인 듯하다.

고기를 육절기에 넣어 갈아 보기도 하고, 소시지의 향신료와 식

품첨가물을 넣어 고기를 곱게 갈아 포스 미트를 만드는 과정도 배

우며 소시지 충진기를 이용하여 케이싱에 통통하게 '소시지 소'를 채우는 일도 하게 된다. 80℃에 맞춘 뜨거운 보일러 안에서 10분간 소시지를 삶아내면, 쫀득하고 찰지며 허브 향 가득 담긴 '치폴레타 chipolata'라고 불리는 조식용 소시지가 완성된다. 본인들이 방금 만든 소시지를 꺼내어 소시지를 맛보는 순간 학생들의 표정에서 따끈하게 갓 삶은 수제 소시지의 맛에 대한 놀라움이 떠오르는 것을 볼 수 있다.

90년대 초 나의 대학 시절, 독일에서 '마이스터 자격증'을 따서 오신 지도교수님의 육가공 수업에서 처음 맛봤던 수제 소시지의 맛을 잊을 수가 없다. 돼지고기보다는 어분魚粉 비율이 높은 질 낮은 소시지를 도시락 반찬으로 하던 그 시절, 교수님의 수업에서 만들었던 소시지는 '새로운 세상의 맛'이었다. 얼마 전 찾은 모교에서 지도교수님을 다시 뵈었다. 40대 초반의 나이에 임용되어 우리들과 처음 수업을 하시던 젊은 청년 교수님은 이제 주름진 얼굴과 흰머리 가득한 모습으로 정년을 앞두고 계셨다. '소시지 장인'이신 교수님께서 마지막 학기의 수업을 열정적으로 하시는 모습을 마주하니 만감이 교차한다.

마침 옆 교실 제빵 수업에서 실습을 마친 학생들이 갓 구운 바게트를 가져다주어 방금 삶은 소시지와 겨자를 곁들여 한입 먹어본다. 뜨거운 물에서 삶아 육질의 풍미와 허브 향을 머금은 소시지와 갓 구워진 따뜻한 빵 한 조각을 함께 먹으니 음식 본연의 신선함이 미각을 통해 전해져 온다. 그 시간은 요리를 '업'으로 삼은 사제만이 공유할 수 있는 따뜻하고 소중한 순간이었다.

##  소시지의 유래

소시지는 도살된 가축의 남은 고기와 이용 가능한 육류 부산물<sup>혀, 귀, 염통, 창자, 피 등</sup>을 함께 갈아 장에 채워 조리하는 고기 가공품이다. 소시지의 역사는 이집트 시대에 벽화로도 남아 있으며, 고대 중국부터 로마 시대에 이르기까지 인류의 역사에서 오랫동안 전해져 오고 있다. 그리스 시인 호메로스<sup>Homeros</sup>는 《오디세이아<sup>Odysseia</sup>》에서 피소시지의 일종을 언급했으며, 로마 시대에도 인기 있는 음식으로 전해진다.

유럽의 소시지 사랑은 독일보다는 못하지만 나라별로 유명한 소시지가 존재한다. 독일은 바이스 부어스트<sup>weiss Wurst, 흰 소시지</sup>와 위너 소시지<sup>훈연 소시지</sup>를 비롯한 수많은 소시지 레시피를 자랑하고, 프랑스는 안두이 소시지<sup>커민이 첨가된 유명한 소시지</sup>와 치폴레타 소시지, 이탈리아에서는 살라미와 페페로니 등을 비롯한 건조 소시지가 유명하다.

동유럽에서는 폴란드의 소시지를 키엘바사<sup>kiełbasa</sup>라는 명칭으로 부르며 러시아를 거쳐 북한까지의 소시지를 통칭한다. 이 소시지의 통칭 '키엘바사'가 러시아에서 '킬바사'로 불리며, 북한에서는 '칼파스'라고 쓰이고 있다.

## 🍲 독일인의 소시지 사랑과 소시지 유화기계의 발명

프랑크푸르트 소시지와 비엔나소시지 등에서 알 수 있듯이 독일 지방의 이름을 딴 소시지가 있을 정도로 독일인들의 소시지 사랑과 자부심은 대단하다. 독일은 소시지에 있어서 소시지 순결법<sup>bratwurst purity law, 1432년</sup>이라는 법을 제정할 정도로 소시지 생산 관리에 있어서 엄격하며 소시지와 맥주를 각별히 사랑하는 나라이다. 그래서인지 독일에서는 돼지가 행운의 상징이기도 하다. 낙농과 양돈으로 유명한 독일의 소시지는 1,200여 가지의 다양한 레시피를 자랑하는 독일의 대표 음식이다.

독일의 소시지가 세계화된 것은 독일 이민자들의 소시지가 미국에 퍼진 것도 한몫을 하겠지만, 세계 최초의 육가공 기계 생산 회사인 세이델만<sup>Seydelmann</sup>이 독일의 회사라는 점이 큰 영향을 미쳤으리라 여겨진다.

독일의 알렌 지방에서 안드레아 세이델만이 창립한 회사인 세이델만은 처음에는 농업기계를 만드는 회사로 출발했다. 이후 1886년 세이델만사社는 세계 최초의 고기 분쇄기meat chopping machine를 생산하면서 정육점을 중심으로 한 가내 수공업식 소시지 산업을 현대 육류 가공의 기계화된 공장형 소시지 업체로 탈바꿈시키는 데 성공했다.

안드레아의 아들 루이스 세이델만은 세계 최초의 육가공 기기를 제작하여 사업을 시작했고 기계공학자 출신인 루이스 세이델만의 지휘 아래 세이델만사의 육가공 기계들은 발전을 거듭하여 1910년 세계 최초로 분당 800회전을 할 수 있는 육가공 기계 '볼커터bowl cutter'를 발명했다. 당시로써는 혁신적인 기기인 볼커터를 사용해 단백질과 지방, 물을 빠른 속도로 반죽하여 '유화형 소시지'를 생산했다.

흔히 육가공업계에서는 소시지는 '물장사'라고 이야기한다. 왜냐하면 소시지는 볼커터에 고기와 지방, 얼음, 고운 반죽을 넣어 유화시켜 만드는 생산품인데, 일반적으로 고기 50%, 지방 25%, 물 25%의 비율로 만들 만큼 물의 비율이 높기 때문이다. 고기 50kg으로 소시지 100kg을 생산할 수 있으며 물과 지방의 함량이 높을수록 소시지 사업가에게는 이익이 많이 돌아가는 사업이다.

이 물과 기름이 섞이는 현상을 식품업계에서는 유화 작용

emulsification이라고 표현한다. 우리 주위에서 쉽게 볼 수 있는 마요네즈는 달걀 노른자와 식초가 유화된 식품이고, 빵과 케이크, 캔커피 등에도 유화제가 들어가 있다.

소시지는 이런 자연적인 유화 작용을 이용한 식품이지만, 지방과 물의 비율이 높아질수록 소시지 조직의 '유분리'<sup>육류 단백질이 지방과 분리되는 현상</sup>와 '수분리'<sup>물과 지방이 분리되는 현상</sup> 등의 부작용이 일어난다. 유화가 잘 되게 하기 위해서는 물과 지방, 단백질을 완벽하고 빠르게 섞어줄 필요가 있으며 그 역할을 하는 것이 바로 볼커터이다.

현대에는 미국의 호바트<sup>Hobart</sup>와 스페인의 마인카<sup>Mainca</sup>, 그리고 독일의 세이델만이 3대 육가공 설비 업체로 꼽힌다.


##  미국식 소시지, 핫도그

1800년대 후반 미국의 독일 이민자가 많은 위스콘신주로부터 브랏 부어스트<sup>brat Wrust, 브랏 소시지</sup>가 미국으로 상륙하여 미국인들에게 인기를 얻었다. 이것이 퍼져 나가 지역마다 정육점에서 소시지를 만들어 팔기 시작하면서 미국에도 소시지는 달걀과 함께 꼭 필요한 아침 식사 메뉴로 자리를 잡게 되었다.

그리고 1893년 시카고에서 열린 콜롬비아박람회에서 그 유명한 '핫도그<sup>hot dog</sup>'가 데뷔를 하게 된다. 처음 '레드 핫<sup>red hot</sup>'이라고 불렸던 핫도그는 닥스훈트 소시지dachshund sausage를 빵에 끼워 먹는 식으로 불티나게 팔리기 시작했고 핫도그는 미국의 메이저리그 야구장까지 점령하기에 이른다.

핫도그의 어원은 미국에서도 UFO의 진실 공방만큼이나 설도 많고, 구전도 많이 있지만 미국의 유명한 만화가인 태드 도건Tad Dorgan이 독일어인 닥스훈트 소시지의 철자를 몰라 '핫 닥스훈트hot dachshund'를 '핫도그'라고 자신의 만화에 적은 것이 널리 퍼지면서 정착되었다는 것이 정설이다.

독일 이민자들의 음식이었던 소시지는 공장 생산화로 인한 엄청난 생산력을 통해 아시아와 남미, 아프리카에까지 전파되어 전세계에 가장 유명한 육가공 식품으로 알려지기 시작했고, 육가공 기계와 기구의 발전, 식품첨가물의 발달, 대형 마트라는 거대 유통망의 탄생으로 인해 초 대량의 소시지를 생산할 수 있는 회사가 필요해졌다.

현재 세계 최대의 소시지 회사는 미국의 소시지가 탄생한 위스콘신주에 위치한 존슨빌 소시지Johnsonville sausage이다. 우리나라가 해방되던 1945년, 랄프Ralph Stayer와 앨리스 스테이어Alice Stayer 부부가 열었던 존슨빌의 작은 정육점은 오늘날 세계 최대의 소시지 생산회사인 존슨빌 소시지로 거듭나기에 이르렀다.

1970년대부터 대대적인 소시지 방송 광고와 공장을 확대하여 지금은 1,600명의 직원이 근무하며 다양한 제품군의 소시지를 생산하고 있다. 세계 최대의 소시지 회사답게 매일 3,400마리의 돼지를 도살하여 소시지를 생산할 수 있는 능력을 갖추고 있어 우리나라를 비롯한 전 세계 40개국에 수출하고 있다.

존슨빌은 미국 최대의 대형 마트 체인인 코스트코와 월마트 등을 포함한 여러 대형 마트에 다양한 제품을 공급하고 있으며 전 세계 소시지 시장의 매출 선두를 달리고 있다.

 **식품 가공업계의 아스피린과 페니실린**

식품 가공의 역사에서 마치 의학계의 아스피린이나 페니실린과 같다고 할 수 있는 인산염과 아질산나트륨은 육가공 식품인 '소시지'에 빠지지 않고 항상 첨가된다. 인산염은 산도 조절제로 불리며 PH 값을 조절해주는 역할을 하는데, 우리가 흔히 아는 '방부제' 중 하나로 불리는 물질이다. 인산염은 빵에 첨가되면 탱탱한 촉감과 찰기를 만들어 주고, 튀김에 첨가되면 부서질 듯한 바삭함을 만들어주기도 하며, 탄산음료의 쏘는 듯한 탄산감을 증가시키고, 육류 가공품인 소시지와 햄류에 첨가되면 유화를 도와 탄탄한 육질과 쫄깃함을 더해준다. 식품 가공업계에서 없어서는 안 될 '위대한 화합물'이지만 인체에 들어가면 칼슘의 흡수를 방해하며, 신장 기능의 원활한 활동을 방해하고 피부 자극을 유발한다는 단점이 있다.

아질산나트륨은 식품계의 페니실린으로 대부분의 식중독균인 그람양성균gram positive bacillus의 세포벽 성장을 방해하여 식중독균들의 증식을 억제한다. 특히 보툴리누스clostridium botulinum라고 불리는 치명적인 식중독균의 발생을 억제해주고, 식육을 빨간색으로 염색하여 시각적으로 맛있어 보이게 하는 발색제의 역할을 해 MSG와 같은 향미 증진제의 효과도 볼 수 있어 육가공업계에서는 최고의 식품 첨가제로 여겨진다. 하지만 아질산나트륨은 육가공 식품을 재가공할 때 아민이라는 유기 화합물과 결합하여 '니트로사민'이라는 발암 물질을 생성하기도 한다.

맛있고 영양 많은 소시지이긴 하지만 이 두 가지 물질을 피해가기는 어렵다. 수업에서는 아질산나트륨과 인산염을 첨가하지 않고 소시지를 만들어 보기도 하지만 유·수 분리가 되고 보관성이 좋지 않아지기 때문에 부득이하게 최소 적정량을 첨가하지 않을 수 없다.

소시지와 햄이 아무리 맛있어도 하루 10kg 이상 먹으면 안 되는 이유는 그 이상을 먹으면 아질산나트륨의 치사량인 5g을 섭취하게 되기 때문이다. 아질산나트륨의 과다 섭취는 우리를 죽음에 이르게

할 수 있지만 우리나라의 일인당 1년 평균 소시지 섭취량은 미국인의 1년 평균 섭취량인 40kg보다 훨씬 적은 4kg 정도여서 사실상 하루에 10kg을 먹는다는 것은 쉽게 일어날 수 있는 일은 아니다. 그리고 소시지를 먹을 때 물에 데쳐서 먹거나 채소를 많이 먹는 것만으로도 아질산나트륨과 인산염의 부작용을 크게 줄일 수 있다.

소시지는 미국이나 유럽의 식탁, 바비큐 등에서 자주 볼 수 있는 것은 물론이고 한국이나 일본 등 아이아의 식탁에 올려도 어색하지 않으며, 남미의 작은 레스토랑에서 나와도 어울리는 세계인이 입맛을 사로잡는 음식이다. 소시지의 맛은 세계인이 반할만한 맛이고, 아마 외계인이 지구에 와서 맛본대도 공감할 만한 '맛'이 아닐까 싶다.

## 바늘엔 실, 파스타엔 포크

아내가 '카르보나라 스파게티'가 먹고 싶다고 한다. 집안 가훈이 '여자 말을 잘 듣자!'인지라 퇴근길에 마트에 들러 생크림을 비롯해 카르보나라의 재료를 사서 집으로 향한다. 하루 한 끼는 면 요리를 먹을 정도로 워낙에 면 요리를 좋아해서 파스타는 우리 집 인기 메뉴 중에서 항상 상위권을 차지하고 있다. 토마토소스를 한 냄비 끓여 소분한 다음 냉동고에 넣어 두었다가 필요할 때 꺼내어 먹을 때도 있고, 소고기 민스 듬뿍 넣은 볼로네제 소스를 만들어 라자냐를 만들기도 하며, 커민이라는 향신료를 살짝 넣어 멕시칸 나초로 활용해 맥주 안주로 먹기도 한다. 만들기는 힘들지만 소스가 완성되면 여러 가지로 활용할 수 있는 우리 집 밑반찬과 같은 소스이다.

아내가 좋아하는 스파게티인 카르보나라를 만들어본다. '카르보나라'는 이탈리어어로 석탄이라는 뜻으로 석탄가루가 날리는 곳에서 광부들이 먹던 파스타에서 유래되었다. 큰 냄비에 파스타 끓일 물을 올리고 소금을 조금 넣는다. 냉장고에 있던 베이컨을 뜨거운 물에 살짝 녹여 프라이팬에 볶은 다음 느타리버섯과 양파를 잘라서 프라이팬에 넣고 베이컨 기름으로 볶는다.

여기에 화이트 와인을 조금 넣고 살짝 더 볶아 술맛을 날리고 생크림을 듬뿍 붓는다. 소금 간을 한 후, 파슬리를 넣거나 부추를 썰어 첨가한다. 마지막에 투입할 달걀노른자를 준비하고, 소스에 10분간 삶아 둔 면을 넣고 섞어준다. 불을 끈 후 준비해 둔 노른자를 넣고 재빨리 섞어 마무리를 한 후 식성에 따라 파르마산 치즈를 듬뿍 올리거나 후추를 뿌리면 광부풍 스파게티<sup>spaghetti alla carbonara</sup>가 완성된다. 레시피만 알면 누구나 쉽게 만들 수 있는 간단하고 맛있는 요리다.

 ## 듀럼밀과 파스타의 탄생

유럽에서부터 미국, 우리나라에 이르기까지 전 세계에서 인기가 있는 면 요리인 파스타의 역사는 '듀럼밀'이라는 밀 품종에서 기인한다. 유럽에서 재배되는 밀에는 두 가지 종류가 있다. 빵밀bread wheat과 듀럼밀durum wheat이다.

듀럼durum은 라틴어로 딱딱하다는 뜻으로 글루텐밀 단백질 함량이 빵밀에 비해 월등히 높아 빵을 만들기가 매우 어렵고 호화糊化에 시간이 많이 걸린다. 이런 듀럼밀을 제분하면 세몰리나라는 밀가루가 생산되는데 이 세몰리나로 만든 면을 파스타라고 한다. 스파게티 면은 우리나라의 국수보다 훨씬 오래 삶아야 할 정도로 딱딱한데, 이것이 듀럼밀로 만든 세몰리나 밀가루의 특성이다. 빵밀과 듀럼밀은 우리나라에서 멥쌀과 찹쌀을 분류하는 것과 비슷하다. 멥쌀로는 밥을 짓고, 찹쌀로는 떡을 만들 듯이 말이다. 빵밀은 강수량이 많고 서늘한 곳에서 잘 자라지만, 듀럼밀은 강수량이 적고 고온 건조한 지역에서도 잘 자라기 때문에 아랍문화에서 많이 먹는 쿠스쿠스아랍에서는 쿠스쿠스를 쌀처럼 먹는다를 만들기에도 아주 적합하다.

14세기 마르코 폴로의 《동방견문록》이 출간되고, 이 시기에 아시아의 국수가 유럽에 소개되었다고 전해진다. 영어권 최초의 요리책이라고 불리는 새뮤얼 페그의 저서 《요리의 형태The Forme of Cury》에서 파스타가 언급되는 걸 보면 유럽에는 상당히 빨리 파스타가 전파된 것으로 보인다. 말린 파스타는 저장성에서 빵보다 월등한 보존성을 가지고 있어 1세기 동안 항해하는 모든 배가 말린 파스타를 싣고 항해를 나간다. 이후 17세기에 압출 프레스 형식의 파스타 제조 기계가 나오면서 다양한 모양과 질감의 파스타를 대량생산 수 있는 기반을 갖추게 됐다.

##  파스타, 포크의 필요성을 부각시키다

파스타는 포크의 역사와 함께 발전하게 된다. 그렇다면 포크는 언제부터 사용되었을까? 포크는 아랍문화권에서는 10세기부터 귀족들이 사용하였으나, 이슬람문화에서 사용하는 포크의 뾰족함이 유럽인들에게는 '신성 모독'으로 여겨졌기 때문에 금지되어 있었다. 고기를 썰어서 손으로 집어 먹고, 빵 역시 손으로 집어 먹는 유럽인들의 식탁에서는 칼과 스푼이면 충분했다. 포크의 역사는 고대 로마 시대부터 유래하지만, 유럽에서 포크는 요리를 만드는 데 사용하는 기구였을 뿐 요리를 '먹기 위해' 사용하는 기구는 아니었다.

중세 식문화를 논할 때 거론되는 15세기 프랑스 귀족들의 식사를 묘사한 그림 〈베리 공작의 매우 부유한 시간Les Très Riches Heures du Duc de Berry, 1413~16, the Limbourg Brothers〉을 보면 15세기까지의 유럽 식탁에서는 포크를 발견할 수 없다. 16세기 프랑스의 왕 앙리 2세Henry II와 결혼한 메디치가의 카트린 드 메디치Catherine de Medici 는 이탈리아의 귀족문화인 2열식 '포크'를 프랑스 왕실에 소개한다.

손님이 자신의 포크와 스푼을 '카데나'라는 상자에 넣어 챙겨 오는 식문화를 유럽에 알린 것이다. 카트린 드 메디치의 아들 앙리 3세가 왕이 된 후 식사할 때 반드시 포크를 사용하라는 칙령을 내렸지만 유럽에서 포크는 인기를 얻지 못해, 겨우 끈적거리는 설탕 과자를 먹을 때 사용하는 정도에 그친다.

폴 프리드먼의 저서 《미각에 역사》에 의하면 포크는 16세기 궁정 디너에서도 매우 귀한 도구였으며, 포크를 직접 봤다는 최초의 기록이 14세기 이탈리아에서 나오지만, 16~17세기에 와서야 엘리트 계층의 식탁에서 일상적인 도구가 되었다고 한다. 논평가들은 17세기 후반까지도 영국인들은 포크를 사용하지 않고 손만 써서 먹었다고 이야기한다. 그것은 유럽 내에서 최고 수준의 에티켓을 지녔다고 하는 프랑스의 베르사유 궁정에서도 마찬가지였다. 하지만 이후 유럽 귀족 식단에서 파스타 요리가 증가함에 따라 포크가 점차 귀족들에게 인기를 얻기 시작한다.

## 🍲 포크의 대중화

은으로 만든 포크은 식기는 귀족들에게 있어 식탁예절에 꼭 필요한 식기로 자리매김한다. 하지만 귀족들이 아닌 유럽의 일반인들에게 은으로 만든 포크는 값비싼 사치품과 같아 일반적으로 사용할 수 없는 귀족들만의 전유물에 불과했다. 이후 은보다 훨씬 싼 스테인리스강을 독일에서 개발, 지금과 같은 각도의 네 개의 창이 있는 현대적인 디자인의 포크가 개발되고서야 유럽에 퍼지기 시작했다. 미국에는 남북 전쟁 이후에 보급되었다.

스테인리스 포크의 보급과 함께 이탈리아 이민자들이 미국에 다수 유입되어 파스타가 미국의 대중적인 음식이 되면서 현재는 미국 음식문화의 한 축이 되었다. 미국의 파스타 문화는 곧 세계로 뻗어 나갔는데, 이후 세계는 파스타와 사랑에 빠지게 되었다. 1914년에는 이탈리아산ᐦ 오리지널 건조 파스타가 미국으로 수출되면서 이탈리아에서는 건조 파스타 산업이라고 불리는 새로운 산업이 등장한다. 이렇게 이어져 온 이탈리아의 파스타 산업은 자리를 굳건히 하며 2013년 기준으로 340만 톤의 파스타를 생산하고 수출하는 '파스타 강국'으로 자리매김한다.

## 파스타의 한국 상륙

1983년 힐튼호텔에 이탈리안 레스토랑 '일폰테'가 개점한다. 우리나라 파스타의 역사는 그에 앞서 1967년 '라칸티나'라는 한국 최초의 이탈리안 레스토랑이 명동에 개업을 하면서 시작되었지만 사실 이 레스토랑은 우리나라 사람보다는 외국인을 위한 식당이었다.

이후 1980년대 초 힐튼호텔의 일폰테와 신라호텔의 '라폰타나' 등의 이탈리아 전문식당이 호텔에 들어서고, 호텔 프랜차이즈의 외국인 주방장들이 채용되면서 이탈리아와 구미 현지의 이태리 음식이 소개되기 시작했다.

1980년대 우리나라에 피자가 본격적으로 상륙하면서 미도파백화점이 들여온 '코코스'와 제일제당CJ그룹이 들여온 '스카이락' 등 패밀리 레스토랑의 출현과 함께 파스타가 대중화되었다. 지금은 양식당이라고 하면 이탈리아 식당을 떠올릴 정도로 파스타가 일반화되었고, 가정에서도 쉽게 만들어 먹는 흔한 음식이 되었지만 90년대 초만 해도 우리나라의 슈퍼마켓에서 파스타 면 하나 찾기 힘들었던 것을 생각하면 시대가 달라졌음을 새삼 느낀다.

장어 덮밥을
먹을 수 없게
된다면?

어금니 쪽에 치통이 생겨 오랜만에 치과를 방문하니, 사랑니에 충치가 있어 발치를 해야 한다고 한다. 이십대 초반 때 사랑니를 뽑으면서 하도 고생을 한 터라, 한 번 더 발치를 해야 한다고 생각하니 머리가 '쭈뼛' 서는 기분이다. 요즘은 치과의 의료기술도 많이 발달해서 무통 치료와 무통 발치를 할 수 있다고 이야기하지만, 예나 지금이나 왠지 치과를 가는 길은 꺼려지게 된다. 치과 방문을 다음 날 아침으로 예약했더니 오늘 저녁은 든든하게 먹어야 할 것 같은 마음에 저녁 메뉴로 무엇을 고를지 심사숙고하게 된다. 군 시절 휴가 마지막 날이나 내시경을 하기 전날에는 잘 챙겨 먹어야 한다는 강박에 사로잡힌다. 사형수의 마지막 한 끼도 아니고, 겨우 저녁 한 끼인데 무엇을 먹을지 한참을 고민한다. 외식과 집밥 사이, 소고기와 돼지고기를 지나 전복을 거친 끝에 '장어'에 도달한다. '그래! 오늘은 장어가 좋겠다!'고 생각하며 장어 덮밥을 준비한다.

냉동고에 정말 급하거나 귀한 손님을 대접할 때 사용하겠다며 아내가 챙겨 놓은 양념장어 두 마리를 해동한다. 맑은 된장국을 끓이고, 데리야키 소스를 장어에 조금 더 발라서 오븐에 굽는다. 압력밥솥에 바로 한 뜨끈한 밥에 데리야키 장어를 올리니 맛있는 덮밥이 완성된다. 매실주로 반주하며 장어 덮밥을 먹으니 사랑니를 뽑기 전 '만찬'으로 매우 흡족한 한 끼다.

##  여름의 보양식, 장어

장어는 전 세계에서 소비되는 스태미나 식품이지만, 특히 동아시아 지역에서 소비가 많다. 우리나라와 중국에서는 장어가 스태미나 식품계의 지존으로 여겨지며 많이 소비되고 있으며, 베트남에서도 장어 요리인 '르언luon'이 인기가 많다. 서양의 장어요리는 귄터 그라스의 소설을 영화화한 동명의 독일영화 〈양철북〉에서 그로테스크하게 묘사되기도 했으며, 영국에서는 '장어 젤리'가 혐오성 식품 순위에서 빠지지 않는다. 미국에서는 일본의 영향으로 장어 데리야

키가 인기다. 이렇듯 정도의 차이는 있으나 장어는 전 세계에서 소비되는 식자재라는 것을 알 수 있다.

그중에서도 일본의 장어 사랑은 유별나서 세계 장어 소비량의 80%를 차지하는데, 우리나라와 달리 1년에 한 번뿐인 일본의 복날 '도요노우시노히土用の丑の日'에는 장어 덮밥을 먹는다. 일본의 장어 사랑을 거슬러 가보면, 도쿄가 새로 생긴 에도 시대에 도쿄만 간척 사업을 하면서 장어가 대량으로 잡히자 장어를 요리하는 기술이 발전하여 오늘날과 같은 장어 덮밥 요리가 생겨난 것이다.

우리나라의 연간 장어 소비량이 5천 톤인 것에 비해 일본은 30배가 넘는 16만 톤을 소비한다. 인구비를 따진다 해도 우리나라보다 15배 이상 소비한다고 과언이 아니다. 우리나라에서 삼복에 삼계탕을 먹듯, 일본에서는 여름 내내 장어요리로 여름을 버티니 장어 소비량이 어마어마한 것은 어찌 보면 당연하다고 할 수 있겠다. 이렇게 소비량이 많다 보니 자국에서 생산하는 장어만으로는 물량을 감당할 수 없어 중국과 대만, 그리고 우리나라의 장어를 수입하고 있다. 최근에는 이도 모자라 미국에서도 장어를 OEM위탁생산 방식으로 공급받는다.

일본뿐만 아니라 우리나라와 식품업계의 큰손인 중국에서도 장어가 인기가 높아 동아시아 전 지역에서 장어 가격이 급등하고 있다. 중국인들의 입맛에 따라 국제 식품업계의 식품 가격이 변화하고 있는데, 일례로 해외여행과 유학을 다녀온 중국인들이 아보카도를 찾기 시작하면서 2016년을 기준으로 아보카도 수입량이 2012년에 비하여 160배인 5천 톤으로 늘어났고 그로 인해 국제 시장의 아보카도 가격이 급등하였다.

이제는 책 제목도 '죽기 전에 먹어야 할 요리' 같은 것이 아니라 '중국에서 인기 있어지기 전에 먹어야 할 요리' 등으로 바뀌어야 할 정도로 중국인들의 소비가 대단하다.

 ## 멸종의 위기를 넘기다

장어는 우리가 알고 있는 강에서 서식하는 민물장어<sup>뱀장어</sup>와 바다에서 서식하는 갯장어, 흔히 아나고라고 불리는 붕장어, 그리고 소주 안주로 유명한 꼼장어<sup>먹장어</sup>가 있다. 그중에서도 부드럽고 쫀득거리는 식감을 가진 민물장어가 가장 인기가 높다. 우리나라에서 장어구이로 유명한 풍천장어 등이 민물장어를 사용하며, 일본의 장어 덮밥도 민물 장어를 사용한다.

민물장어는 바다에서 자라 강으로 회귀하는 연어와는 달리, 바다에서 태어나 강에서 5~10년 정도 자라 다시 바다로 회귀하는 본능을 가진 어류이다. 동아시아에서 서식하는 민물장어들은 태평양이 고향으로 일본 근해나 대만 근해가 아닌 남태평양의 마리아나해구 근처의 심해에 산란하는 특성을 가지고 있기 때문에 양식하기가 쉽지 않다.

장어는 바다에서 태어나 자라고 성장한 후에는 민물에서 생활하는 회귀 본능을 가지고 있으며, 태평양 심해에서 '알이 부화되어 치어가 되는 과정'이 양식화되지 않아 애를 먹고 있다. 현재로써는 '완전 양식'이 매우 어려운 어종이다. 또한 평생 동안 딱 한 번 산란하는 장어의 특성상 포획이 상당히 어려워 장어의 치어는 매우 가격이 비싸다.

장어는 2014년에 세계 자연보전 연맹IUCN이 지정하는 3등급의 멸종위기종 가운데 두 번째로 높은 '가까운 장래에 야생에서 멸종할 위험성이 높은 종種'으로 판정되었다. 장어 양식 업자들은 태평양에서 돌아온 실뱀장어glass eel라고 불리는 장어의 치어들을 양식용으로 사들인다. 하지만 자연산 치어 확보의 어려움으로 인해 수요를 충당하기 힘들어 이 치어의 가격이 치솟았다.

치어 자체의 가격이 워낙 비싸지니 성체의 가격은 더 비싸지게 되었다. 한때 장어의 가격이 1파운드450g당 140만 원까지 오르기도 했는데 2g도 안 되는 치어의 가격이 마리당 7천 원꼴이었으니 장어 값이 금값이라고 할 정도였다. 이 시기에 전통 있는 수많은 일본의 장어 덮밥집들이 문을 닫기도 했다. '장어 덮밥은 장어의 멸종과 함께 사라질까?' 앞으로 장어를 못 먹게 될지도 모른다는 걱정이 앞서지만, 2016년에 우리나라에도 좋은 소식이 들려 왔다.

자연산 치어들을 잡아서 키우는 방식을 '불완전 양식'이라고 하고 수정란으로 부화시켜 기른 실뱀장어를 성어로 키워 다시 수정란을 생산하는 방식을 '완전 양식'이라 하는데, 2016년 우리나라 해양수산부 국립과학원에서 장어의 '완전 양식'에 성공했음을 발표한 것이다. 이는 일본에 이어 세계에서 두 번째로 이뤄낸 쾌거로 우리나라도 장어의 '완전양식'이 가능한 국가가 되었다. 이 사례 후 우리나라에서는 장어 치어들을 수입하여 '양만장'이라고 불리는 인공 양식장에서 10개월 정도 키워서 판매하고 있다.

우리나라의 한해 장어 치어의 수입물량이 20톤 정도로, 가격으로 따지면 4천억 원 정도이니 대단히 큰 시장이다. 장어 치어 시장이 전 세계적으로 4조 원이 넘는다고 하니 산업적 측면이 어마어마하다. 새로운 기술을 장착한 신형 스마트폰도 좋고, 멋진 디자인의 자동차 산업도 좋지만 이런 먹거리 시장의 기술도 발전하여 1년에 한 번 먹는 장어구이를 분기당 한 번씩 먹을 수 있기를 바란다.

# HMR<sup>가정 대체식</sup>,
# 집밥의 미래

우리가 먹는 음식의 역사는 농업혁명과 가축화, 콜럼비언 익스체인지<sup>Columbian Exchange</sup>, 산업혁명 이후의 냉장고와 통조림의 발명과 같은 사건들을 거쳐 프랜차이즈의 시대에 접어들면서 세계 각국이 음식은 소용돌이처럼 섞여 음식 역사가 재창조되고 있다. 특히 산업혁명 이후인 20세기부터 식탁에 올라오는 음식들은 식품공학기술의 발달에 따라 식문화도 함께 발전해 왔다.

우리나라의 식탁도 예외는 아니어서 1970년대부터 식품가공기술과 함께 한국 음식문화의 모든 분야에 HMR기술이 도입된다. 4차 산업혁명의 발달에 따라 인공지능이 요리사들을 대체하게 되는 시대가 올 것이라고 예측되고 있다. 인공지능이 요리사를 대신한다고 하면 인간의 형상을 한 '로봇'들이 요리를 하는 모습을 떠올리기 쉽지만, 로봇이 요리사를 대체하는 부분보다는 HMR식품들로 인해 가정에서 요리를 할 일이 없어질 것이라 생각된다.

이미 편의점 도시락과 배달의민족, 마켓컬리 같은 업체들이 애플리케이션으로 상품을 배달하는 시대이다. 몇 년 후에는 집에서 반찬을 하는 일이 없어질지도 모른다. 요즈음 젊은 신혼부부들이 집에서 김치를 담그지 않는 경우가 많은 것처럼 말이다.

##  집밥의 미래, 가정 대체식Home Meal Replacement

HMR은 Home Meal Replacement의 약어로 가정 대체식을 의미한다. 우리 주변에서 흔히 볼 수 있는 냉동만두나 3분 카레 등이 이에 해당한다. HMR에는 네 가지 유형이 있다.

1. RTPReady To Prepare: 식품 성분을 편리하게 조리할 수 있는 음식.

2. RTCReady To Cook: 요리 후 빨리 먹을 수 있는 간단한 음식.

3. RTHReady to Heat: 전자레인지 또는 이와 유사한 소형 기구로

직접 조리할 수 있는 음식.

4. RTE<sup>Ready to Eat</sup>: 포장을 제거한 직후 먹을 수 있는 음식.


RTP부터 RTE까지의 특성을 보면 생산과 소비의 접점이 점점 축소되어 가고 있음을 볼 수 있다.


주방의 자동화는 이미 우리의 부엌에 편리한 주방기기가 들어오면서부터 시작되었다고 볼 수 있다. 지금은 음식 유통의 변혁이라 할 수 있는 HMR식품들, 냉동 만두부터 '3분 카레'와 같은 파우치 형태의 레토르트 식품들이 대형 마트의 중심부를 차지하고 있다. 1980년대까지는 김치를 사 먹거나 물을 사서 마시는 일을 상상도 하지 못했던 일이었지만 지금은 당연한 일이 된 것처럼 기술의 발전에 따라 우리의 식문화도 빠르게 변해 갈 것이다.

편리한 포장과 짧은 조리 시간, 일인 가정 및 소비자 추세로 인해 HMR 시장에 대한 전망은 밝을 것으로 예측된다. 미디어의 대세인 먹방과 쿡방에서도 집밥의 따뜻함보다는 대부분 맛집 탐방과 혼밥에 대해서 다루고 있다. 현재는 사람들이 집밥을 논할지 몰라도 1인 가정과 노령인구의 비율이 늘어날수록 집밥보다는 외식과 HMR

이 대세인 시대가 도래하게 될 것이다. 마찬가지로 가정으로 식재료를 보내주는 산업보다는 조리가 완성된 가정 대체식을 이용할 수 있는 산업이 크게 발전하게 되리라 본다.

##  우리는 무엇을 먹을지 모른다

미래에 우리가 어떤 먹거리를 소비할지는 불분명하다. 하지만 확실히 예측 가능한 먹거리 중 몇 가지를 소개한다.

### 1. 곤충bugs

미래에 먹을 음식 중 하나는 귀뚜라미나 메뚜기와 같은 식용 곤충이 될 것이다. 특히 귀뚜라미는 소고기와 비교하여 3배나 높은 단백질을 함유하고 있으며, 일반 가축과 달리 사육에 필요한 땅이나 자원이 필요하지 않고 소를 사육하는 것보다 2천 배나 적은 양의 물로 사육할 수 있다는 장점이 있다.

귀뚜라미를 식용으로 사용한다고 해도 굽거나 튀겨 먹는 원시적인 형태로 식용 곤충을 먹는 것은 아니다. 귀뚜라미는 사육 환경이 깨끗한 농장에서 자라 위생적으로 처리되어 건조 분말 형태로 유통되며, 과자나 밀가루 등에 단백질 보조제로 함유될 것이다. 곤충을 먹는다는 것에 거부감을 느끼는 사람들을 대상으로 하여 지속적인 홍보와 계몽이 이루어진다면 인류의 미래 식량 중 하나로 빠르게 자리 잡을 수 있으리라 생각된다.

〈포브스〉에 따르면 미국의 대표적인 곤충 식품회사 EXO는 초콜릿 파우더에 귀뚜라미 파우더를 첨가하여 만든 '푸드 바'를 판매하고 있으며 매년 가파른 매출 성장률을 보이고 있다고 한다.


## 2. 배양육cultured beef

멤피스 미트나 모사 미트Mosa Meat와 같은 배양육 회사의 과학자들은 동물들소, 돼지 등에게서 추출한 줄기세포로 합성고기를 만든다. 배양육도 식용 곤충과 마찬가지로 환경 이슈와 관련하여 홍보와 계몽을 실시하고 있다. 배양육은 가축보다 온실가스 배출량이 78~96% 정도 낮고, 에너지 사용 총량도 7~45% 정도로 낮출 수 있다고 하며, 토지 사용량은 1% 정도면 충분하다고 한다.

2013년 배양육으로 만든 햄버거 하나의 가격이 약 3억 8천만 원으로 입이 떡 벌어질 정도의 고가였지만, 2018년 이스라엘의 한 배양육 스타트업 업체는 1파운드453g에 2천 달러 이내까지 생산단가를 낮출 수 있다고 주장했다. 소고기 맛, 돼지고기 맛, 닭고기 맛 등의 다양한 육류를 생산할 수 있으며, 생산 원가는 소고기, 돼지고기, 닭고기 순이라고 한다.

실제로 맛을 본 사람들의 이야기에 따르면 생각보다 고기 맛은 완벽하지 않아 맛을 개선하기 위한 많은 노력이 필요하다고 한다. 업계에서는 앞으로 10~20년 정도면 상용화가 가능해질 것이라 예측하고 있다. 배양육이 상용화가 되면 소가죽과 양털, 오리털과 같은 자원은 구하기 힘들어질 것이다. 어쩌면 의류시장과 가구시장의 가죽 제품과 모직이 캐비어보다 값비싼 최상품의 사치품이 될지도 모르겠다.

### 3. 가짜 물고기fake fish

배양육을 만들어냈듯이 생선도 만들어낼 수 있지 않을까? NASA는 금붕어 근육을 배양하여 생선 살을 만들었으며, 또한 '뉴웨이브 푸드New Wave Foods'에서는 홍조류를 이용하여 만든 새우를 판매하고 있다.

### 4. 3D 인쇄 식품3D printed food

3D 인쇄 기술은 요리에도 응용할 수 있는 혁신적인 기술로,

특히 디저트 분야에서 전망이 매우 밝다. 이미 상업용 주방, 제과점 등은 3D 인쇄 기술을 이용하고 있다. 국제 요리 센터International Culinary Centre의 음식기술 및 푸드코디네이터인 헤르베 말리베르트Hervé Malivert는 "3D 프린터를 사용하면 복잡하고 아름다운 모양의 초콜릿 조각을 쉽게 만들어 웨딩 케이크에 장식할 수 있다"고 말했으며, 매우 뛰어난 경력을 가진 경험 많은 파티시에보다도 쉽게 디저트류를 만들 수 있다고 전하고 있다. 우리가 캡슐커피를 아침마다 간편하게 마시듯, 미래에는 여러 가지 케이크를 우리가 원하는 모양으로 디자인하는 3D 디저트 메이커가 각 가정의 주방 한자리를 차지하게 될지도 모르겠다. 실제 영국에 본사를 둔 '푸드잉크Food Ink'는 3D 프린터로 만든 음식으로 팝업 레스토랑을 열어 호평을 받았다. 런던, 뉴욕 등을 거쳐 서울에서도 조만간 팝업 레스토랑을 연다고 하니 기대가 된다.

3D 인쇄 기술을 활용하면 젤이나 제과 형태로 가공할 수 있기 때문에, 음식을 씹고 삼키는 데 어려움을 겪고 있는 노약자가 맛있고 쉽게 먹을 수 있는 유동식고형 성분이 없어 씹지 않고 삼킬 수 있는 음식물을 만들 수 있다. 때문에 노약자를 위한 유동식 시장에서 무한한 발전 가능성을 가지고 있다. NASA도 무중력 상태에서 먹을 수 있는

음식인 3D 인쇄 식품을 연구하는 데 투자하고 있다고 한다. 런던의 '웰컴 컬렉션Wellcome Collection'에서는 식용 곤충 밀가루로 만든 3D 인쇄 비스킷을 판매하고 있다.

미래에는 오늘날 우리가 먹는 매콤하고 돼지고기 가득 들어간 김치찌개를 그리워하게 될지도 모를 일이다. 또는 김치찌개 하나를 끓이기 위해서는 가을에 김장하고 마트에 가서 돼지고기를 사는 등 여러 수고를 들여야 했다며 직접 요리를 하는 것이 얼마나 비효율적이었는지 비평할 수도 있겠다.

지역의 음식 전통을 지키며 향토요리를 이어가거나 종자의 다양성을 지키는 이들도 있고, 현대의 식품과학자처럼 먹거리의 미래를 혁신하려는 이들도 있다. 세계는 식량과 농업을 둘러싼 지속 가능성과 사회 정의 문제에 대한 전략적 인식을 제고하기 위해 노력하고 있다. 앞으로의 식량문제는 소비자들이 어떤 식품을 선택하고 주머니를 여는가에 따라 달라질 것이다. 미래의 식탁은 그 선택에 달려 있다.

# 굿바이 프로젝트

**3**

비아북
ViaBook Publisher

## 작가의 말

안녕하세요. 밤비입니다.

『굿바이』프로젝트의 단행본이 나오게 되었습니다. 기다려주신 독자분들께도, 저에게도 기쁜 일이라 행복합니다.

『굿바이』프로젝트는 삶과 죽음에 대한 이야기입니다. 죽음이 이루질지 않게 된 시대, 즉 삶에 대한 권태를 맞이한 시대를 배경으로 하고 있는데요. 인간이 바라는 모든 복지가 완벽하게 구현된 통합정부국에서 이야기는 시작됩니다. 정부는 의식주를 모두 해결해주는 복지 서비스에 이어, '해피필스'를 만들어냅니다. 병의 회복과 수명 연장을 약속한 해피필스는 순식간에 펼쳐 전 국민의 환호를 얻습니다. 그러나 안병이 언제나 행복의 동의어로 남아주지는 않습니다.

의식주의 완전한 보장과, 병의 치료, 수명 연장. 사람들이 원하는 복지 국가의 이상이자 인류한 삶. 언뜻 듣기에 이뤄 언하지 않는 사람은 없어 보입니다. 누가 거절하고 싶을까요? 그러나 완전무결해진 인간의 삶을 손에 쥐고 이상향인 정정에 다다른 사람들은, 진실로 끝없는 삶의 반복을 기뻐할까요? 정정에 다다르면 그 자리를 방쯤으로 미래를 영위하고 싶은 지와 끝을 마무리하고도 자존 나아가게 될지 모릅니다. 자기 안결, 마무리 등으로 지셋을 대체하는 용어들이 등장하며 일부는 자신의 삶을 정리하고, 되돌아보는 시간을 가진 뒤 죽음에 임하는 지를도 보이겠지요. 단순하게 다루고 싶지 않았습니다. 무거운 주제이나만큼 이를 깊이 생각한 흔적이 작은 곳곳에서 보인다면 기쁘겠습니다.

생명체라면 누구나 맞이하는 것이 죽음입니다. 자연의 섭리이며 자기 자신에게 온전히 주어진 권리이기도 합니다. 끝없이 살아가는 것은 그 저 존재할 뿐, 살아가는 것이 아니다…. 아이러니하게도 영원은 모든 욕구를 부질없이 만듭니다. 욕망 없이 지속하는 삶은 의미를 찾지 못하고 부표처럼 쓸려 갑니다. 누군가는 이런 삶에 반발할 것입니다. 그렇다면 스스로 죽음 권리를 선택하며 '인간적으로' 떠나는 것이 조금씩 받아들여진 사회가 되리라 생각했습니다. 자기 파괴가 아닌 마침표로 임함 수 있는 시대. 존엄사란 삶을 포기하는 것이 아닌 죽음을 선택한 결과라고 볼 수 있기 때문입니다.

이러한 배경에서, 주인공 숨니음과 매매는 상대의 죽음을, 또 자신의 죽음을 얽어가며 서로의 진심을 확인합니다.

길다면 긴, 짧다면 짧은 시간 동안 쓰인 이야기였습니다. 가벼울 수 없는 소재이기에 조심스러운 부분도 많았으나 그만큼 생각하고 되짚어보는 계기가 되어 즐거웠습니다. 언젠가 우리가 우리의 삶의 끝에 다다른다면 자신의 감정에 충실하기를, 또한 평온한 마무리하기를 바랍니다.

감사합니다.

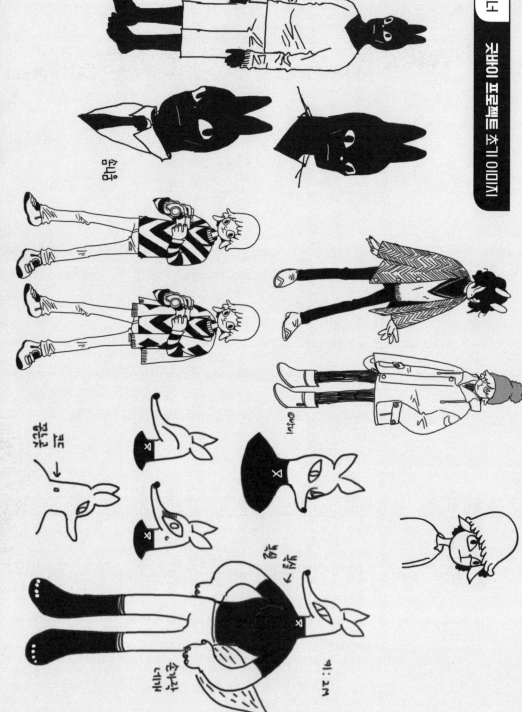

안녕하세요.

좋은 아침

내가? 무슨 나이가요?

내가 자네를 열심히 추천했지.

이제 좀 춥네...

아, 매매!

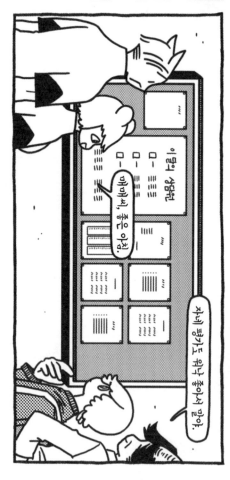

이 곳의 생활인 □ — ■■■■ □ — □ □ — ■■■■

매매씨, 좋은 아침.

자네 평가도 뭔가 좋아서 말야.

그래요, 좋은 아침 축하해!

무지씨, 안녕하세요.

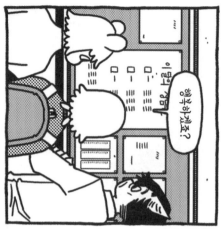

그렇게… 해서는 안 되고.

그들이 죽음이 갖는 의미까지는 우리가 헤아릴 수 있어요.

잇이나 우울에 시달리다가, 로 신문을 접고 나뒹해서서…

물론, 따뜻한 워드도 중요하지만 말야.

네, 알고 있어요. 그렇지만 많아…

정말 죽고 싶은 게 아닐지도 모르잖아요.

진짜 스스로가 바라는 것이 죽음이라면, 그 결정에 따르고 도와주는 것…

그게 우리 일이죠.

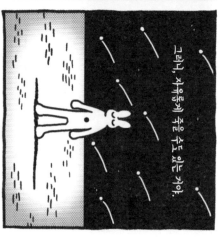

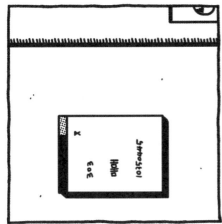

잘 할 수 있을 거야. 고객에 우선하고!

앞으로 자네가 개발 아이디어를 내야하는 고객은 더욱 늘어나겠지.

그동안 열심히 한 셈이야.

우와아…

네, 앗

개인상담원이야. 가장 잘 알고 있겠지?

아, 마지막으로 확인할게요.

지겹다!
이런 건 시간제한도 없네…

이거,
앉아두세요.
잘 부탁드려요.

수고 많았어요. 저 때문에 힘들었죠?

네, 네.

시행 전까지 저와 3주 동안 상담이 이루어집니다.
03~3인 아홉차례에, 개인용 캡이 펼쳐있으시고요
이것은 자신 전용 홈페이지 자신에요. 동시되는
인드자는 한 명. 가족이 저여하실 거고,
자신에 자처적으로 투입되는 아닐은
01-1번 타입C로…

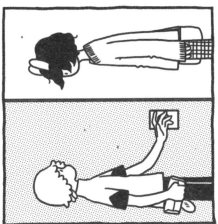

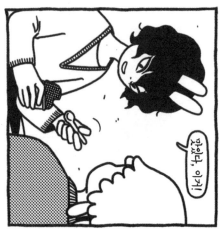

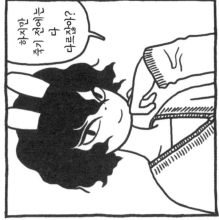

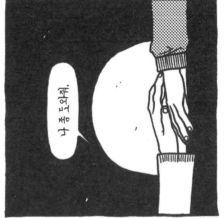

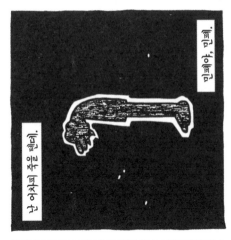

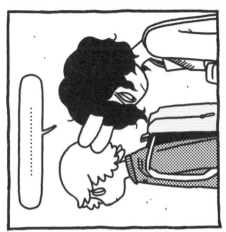

지… 다름이 아니라, 취소하고 싶어서요…

당첨자님 안녕하세요.

네, 여보세요.

아, 이쯤… 내일이 예정일이지.

막상 일이 닥쳤으니, 마음이···

아···하

······

최소는 예정일 3일 전까지만 가능합니다.

취소하고 싶다는···
살고 싶다는 그 말씀,
진심이신가요?

역시 안 되는군요.
전 그냥··· 여기까지인가봐요.

아까 전까지만 해도 당장에 죽고 싶다고 했죠.
재산과 인간관계도 전부 정리하고요.

내게 주어진 미지의 것들을 위해…?

조심히 가세요.

그럼… 가보겠습니다.

할 수 있어요.

고마워요.

아니요…
알겠어요.
해보겠습니다.

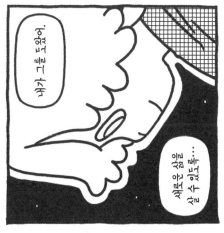

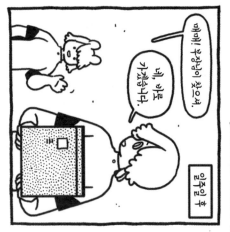

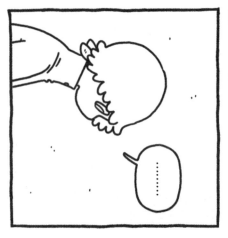

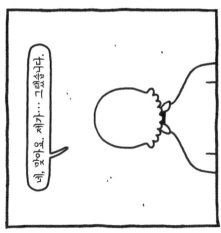

네, 맞아요. 제가… 그랬습니다.

일주일 전에, 상당수의 서류를 고쳤지? 내 승인도 없이 취소를 했고.

서류를 고친 것을 탓하려는 게 아냐.

⋮

폐기서류를 스캔하다 발견했어. 제약이 완전히 취소되는 건 상당히 드문 일이니까.

뭔가 신경이 변화라도 생긴 거야? 그렇게 이을 치르를 잘하던 녀석이.

저는... 그것들을 듣고 싶어요.
듣고 있잖아?
......

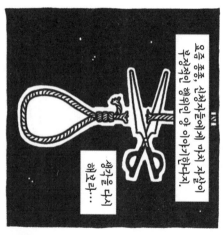

요즘 종종, 신청자들에게 마지 신선이 부정적인 행위인 양 이야기한다지.
생각을 다시 해보라...

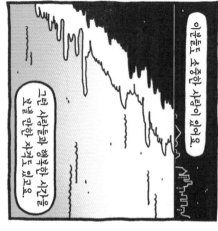

이른든도 소중한 사람이 있어요.
그런 사람들과 행복한 시간을 보낼 만한 지켜도 있고요.

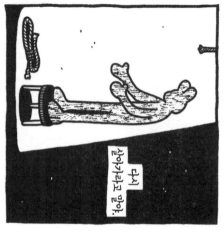

다시 살아가라고 말.

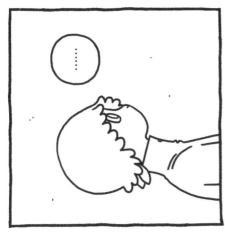

……

그리고 그것이 아카샤야라는 것을 모르고 있어.

구멍은 괜히 정해둔 게 아냐. 이렇게 간단히 취소할 문제가 아니라고…

그 사람, 다시 돌려놓아야 해.

나는… 무척 다행하구나.

그들은 질코 가까운 이 마음으로 이 광경을 내려지 있었어.

죽으면 아무 소용 없잖아요.

안타깝게도 너는 아직, 그 끝내를 찾지 못했군...

·······

삶과 죽음은 좋고 나쁨의 차이로 가를 문제가 아냐.

규정을 어긴 것은 죄송합니다.

하지만 저는 그것을 도와줬을 뿐이에요.

행복한 것도, 슬픈 것도 모두 이미 일을 뿐이에요.

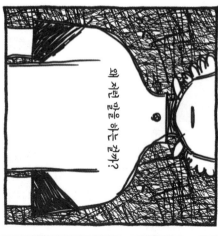

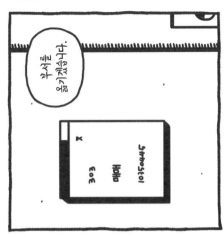

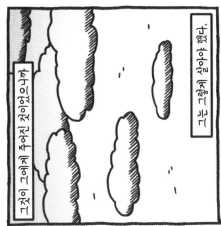

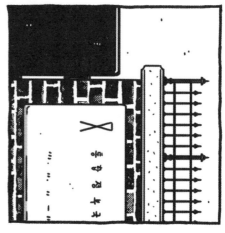

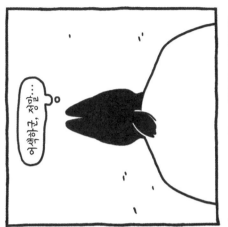

원래는 이벤트로 계획했지만,
상당히 신청자에 우리도 곤란해졌어요.

이 프로젝트가 지금 최고의 호응을
얻고 있다는 건 알고 계시죠?

그리고 굿아이 프로젝트는 새로운 신세의 시작으로
사람들에게 방향을 제시하고 있어요.

죽음과 마차가지로
삶 또한 가요로워 있다.

응, 네… 들어는요.

여전히 일부는 이것을 반대하고 있지만,
죽음 수밖엔 결국 우리가 받아들이도 하는 문제입니다.

OUT
삶의
프로젝트

전폐

생명시 중단

자살조장계획반대

하하하, 놀랐어죠?

···아뇨.

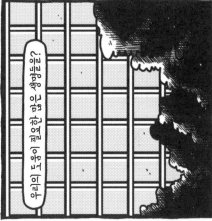

우리 아이 돌잔치에 초대한 손님은 딱 한 명뿐이랍니다.

정말 제가 원하면, 그림을 만들 수 있습니까?

······

그럼, 자기라면서는 가졌습니까?

정말인가요?

손님이요?

거진님을 기다리고 있어요.

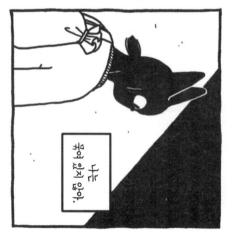

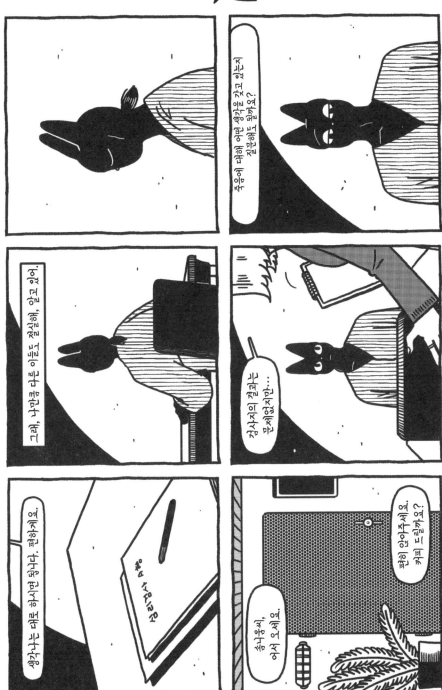

그 후부은 상당할 것이다…
그런데도, 이렇게 살아갈 수 있나요?

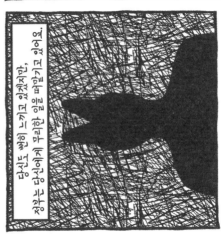

당신도 쁭히 느끼고 있겠지만,
경우는 당신에게 무리한 일을 떠맡기고 있어요.

?…

억지로라도 당신의 마음을
손상…좀 더 손상한

정말 그렇다면 다행이군요.
하지만…

숨나욤?

혹시 무언가에 강요되고 있다면, 제가 도와드릴게요.

평온한 눈을 가진 사람들이 모습을 바라보세요.

하지만, 강제일리가요? 어떻게 참이...

가작해줘서 고마워요.

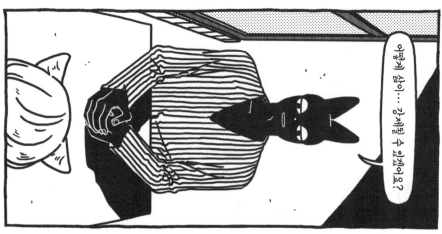

어떻게 참이... 강제될 수 있게요?

052 ◆ 053

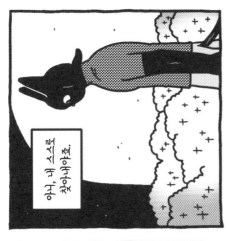

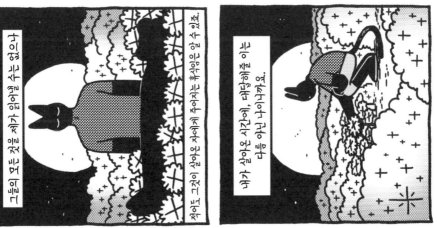

갑자기 옆집에 와서 눌러앉으면, 어떻게 된 거예요?

응 손님이다

손님 왜 자꾸 이쪽으로 오는 거야?

그게, 얘야… 그런 문제일수록, 케인의 결정이 가장 아이엘 것은요.

저는 그들이 그 새를 끝내기었다는… 새 삶을 찾아주길 바라고 있어요.

오래 사는 것이 당연한 사회예요. 그러나 그게… 나쁜 생각은 아니잖아요?

그랬구나. 무슨 일이 있었나?

스스로가 바라는 것이라면, 타인이 그것을 판단할 수 없어.

삶은 좋은 것 죽음은 나쁜 것

모두가 가져야 할 마음이야. 존중하는 것……

그리고 네 뜻이 진심이라면, 나는……. 너를 존중할 거야.

……만약 손님이 자살한다고 하면 전 그렇게 담담할 수 있을 거예요.

그래, 네가 만약 죽음을 결심한다면 나는 슬플 거야. 그러나 네가 신중하게 그 선택을 한 것인지 가늠해보기는 하겠지.

무엇든 강제될 수 있다. 하든 중으로 렸소, 무슨.

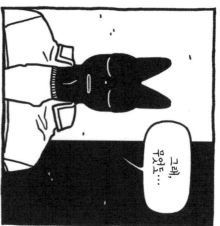

그래, 무엇든 무슨…

마치 자신을 것처럼 믿음하거세요. 믿으셨사네요. 그런 거… 아니죠?

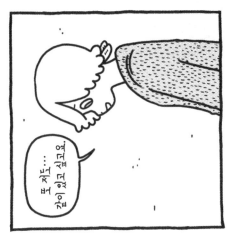

또 저도……
같이 있고 싶고요.

그래, 네 맘이 맞어……
나도 사랑받고 싶어가 있지……

숨나웅의 드으음은 바라는 사람들이 많잖아요!
그들이 있는 한, 주으열 안 된다구요……

심각하게 생각들이지 마라.
모두 죽기 마련이잖냐?

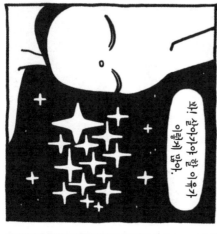

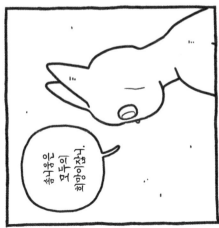

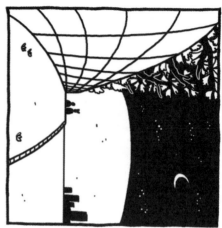

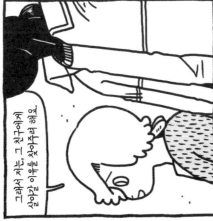

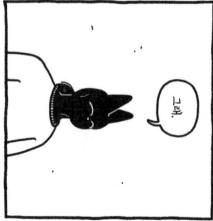

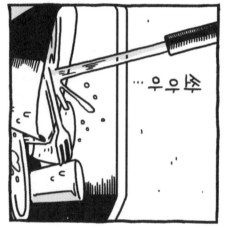

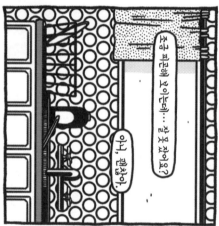

068 ◆ 069

그래.
안심이다.

그럼요!
걱정 마세요.

내가…
곁에 있어도 괜찮아?

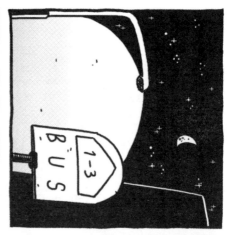

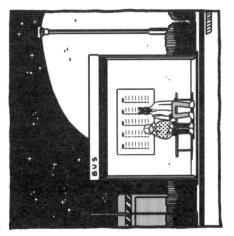

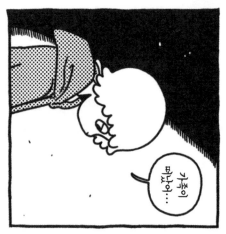

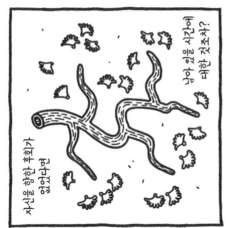

자신을 향한 후회가 있었다면

낳아 있을 시간에 대한 것조차?

………

죽으려고 했던 그 순간에. 약간의 후회도 없었어?

내 결정은 가짜지 않았다구.

나는 후회하지 않아?

마마…… 뭐 괜찮아?

나는 후회하지 않아.

그때에는, 여자인 이 나를 놓아줄 거야.

처음에는 너의 친해지는 게 커려웠어.

나는... 때밀 때...

만약 내가 '지룸'되어일 때는 나의 의자가 여전하다면.

나의 '들지 못한' 감정 때문에 그렇다면.

그것을 지료한다면, 내가 자신을 생각을 그만하게 될까?

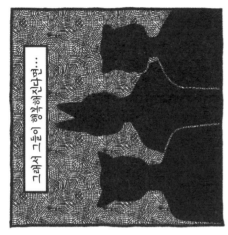

그래서 그들이 행복해진다면…

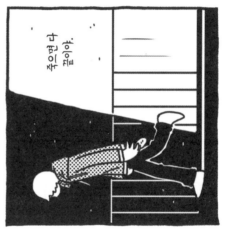

죽으면 다 끝이야.

하지만 내가 저랑 둘로 그걸 원한다면…

하하, 나두 네 미음 편해지면 좋겠구나.

……

그러니까, 삶의 의자를 되찾아주는 곳이라 생각해주셨는데...

여기는 자세킹지같이 아니던가요? 저는 이곳이 자산중고 아는...

이곳에서 사람들은 천천히, 자신이 원하는 집을 찾아 걷습니다.

그것을 원하는 사람도 있어요. 그렇다면, 우리가 도움을 드리죠.

가족이나 지인의 부탁도 있지만.

고양이샘이요. 또 마음이 아프거나 부작 역려 두세요.

예, 선생님. 고마워요.

가장 중요한 것은...

본인의 의자입니다, 이 말씀이죠?

자신하셨으므로 이를 열 것입니다.

상관없구 괜찮구 있으시니 비로...

이 사람들...

분제적인 지원 이후, 이곳은 전보다 더 활기를 띠었습니다.

그만큼 삶과 죽음에 좀 더 신경 쓰는 층은 사라가 있다는 거예요.

이전에는 오로지 사는 것에 집중되었던 것이, 좀 더 확장된 것입니다.

사실 이곳은 자살신청 이전에 확인차 거쳐가는 곳이 많아요.

자살주민센터 →
면상상담신청 100m

하지만 다시 삶의 의지를 찾고자 오는 사람도 분명히 있어요.

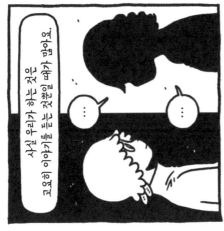

아, 그리고... 지난한 사람들의 가족이나 지인도 찾아와요.

그건...

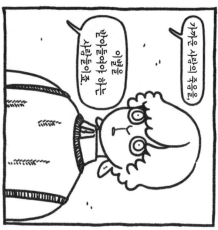

가까운 사람의 죽음을,

이걸로 받아들여야 하는 사람들이죠.

여러분 일이겠군요.

병원은 이제 안 다녀, 나는 그대로야.

왜? 다 나을 때까지...

나는 틀리지 않았어, 그것이... 나의 진심이었던 거야.

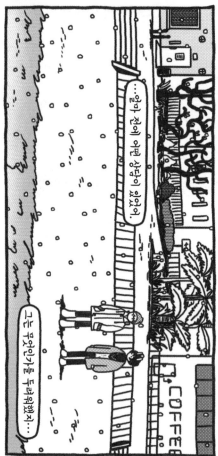

...얼기 전에 어떤 신당이 있었어.

그는 무엇인가를 두리위했지...

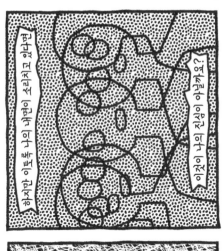

하지만 이토록 나의 내면이 소리치고 있다면

이것이 나의 진심이 아닐까요?

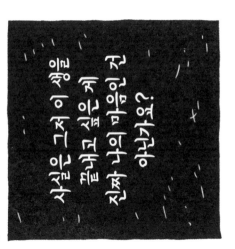

사실은 그저 이 생을 끝내고 싶은 게 진짜 나의 마음인 건 아닐까요?

저는 주고 싶지 않은데

자꾸 주고 싶어요. 주고 싶어요.

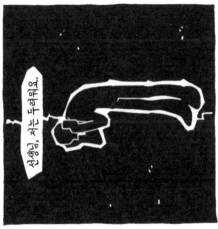

선생님, 저는 두려워요.

살아가면서, 자신의 진실을 찾는다는 것 어려운 일이야.

우리는 함께 존재하잖니.

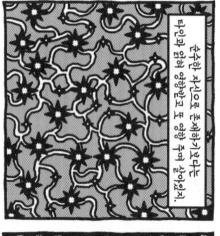

순수한 자신으로 존재하기란 타인과의 관계 영향받고 또 영향 주며 살아있지.

그러나 죽음이나 삶이 결정은 혼자만이 할 수 있는 그래야 마땅한 문제이야 틀림없어.

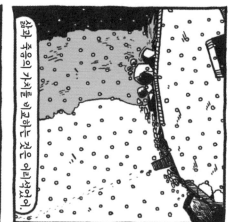

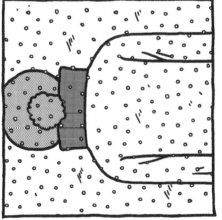

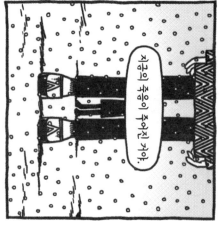

아니, 방향이 아니었을 거야.

이 시간에 도착하기 위한, 그래, 과정이어슬 테지.

우리는 함께 있어졌어.

그 시간을 너와 함께하게 되어서

지금 내가 네 앞에 이어줘서 정말 기뻐.

그러나 우리의 시간은 이따금 추억해줘.

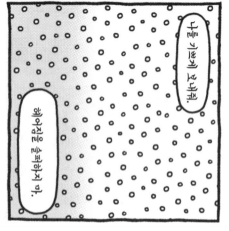

나를 기쁘게 맞내줘.

헤어짐을 슬퍼하지 마.

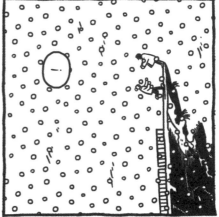

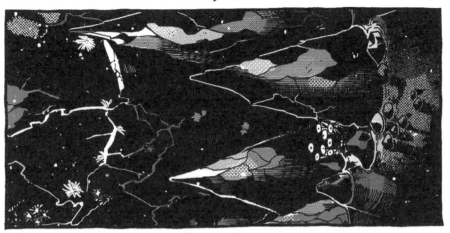

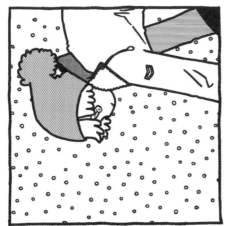

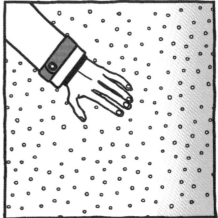

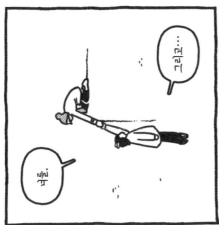

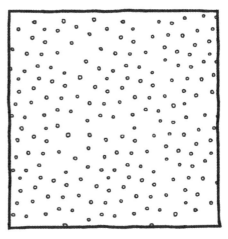

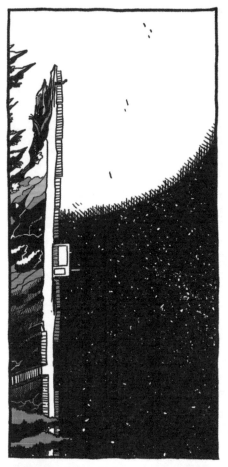

그랬구나, 나는 널 붙잡고 있었을 뿐이야...

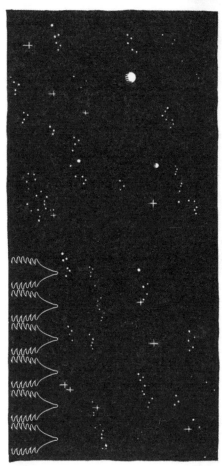

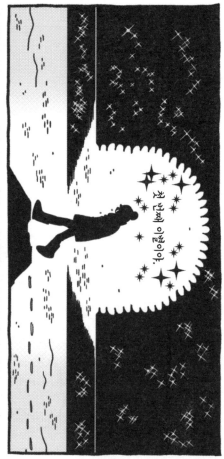

첫 번째 이별이야.

그리고 나의 이별은 아직...

굿바이 프로젝트라는 큰 엽서를 담기 통합장부국의 국장이
오늘 오전 광장에서 운동식을 가졌습니다.

까다로운 선발 절차에도 지쳐가고, 몇 년이 지난 지금까지
굿바이 프로젝트도 떠나는 이들에게 큰 위로를 주고 있습니다.

굿바이 프로젝트의 인도자는
이것이 자신이 살아가는
이유라고 답했는데요…

누군가의 회생이 요구되는
한경에 의문을 제기하자

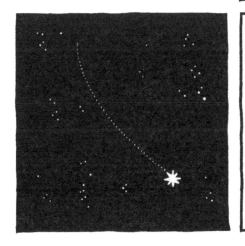

반면에 누군가는 자원봉사자의 일정을 풀행하고 이런 이 프로젝트도
한 도시의 뜻있는 인사들도 배우려고 애쓰는 사람이기도 한
남은 이의 쟁양이 크게 줄어들 것이라고 말합니다.

그런 것들이 사라지면,
무료되지 않아?

고작 물건일 뿐이야.

물건보다는,
그것들과 함께한
시간이 중요하지.

그리고 그런 것들은
사라지기 마련이고.

비록 기억에서 사라지고 그
물건이 사라지는 것일지라도
...언제나 마음속 어딘가에

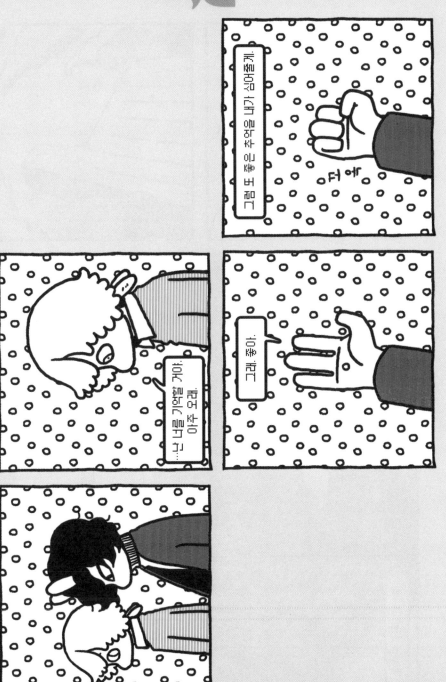

아니, 죽음과 죽음의 기회는 다른 것인가?

죽음은 누구에게나 공평하다.

그들이 누구든,

그들이 어떤 생을 살았든,

그들의 곁에 무엇이

이것은 내게 주어진 고양이 아니다, 바로 같은.

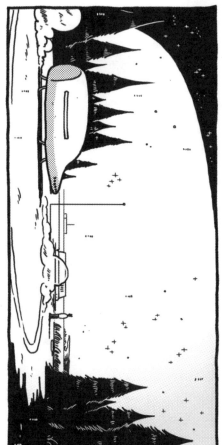

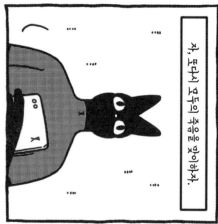

자, 모두서 모두의 죽음을 맞이하자.

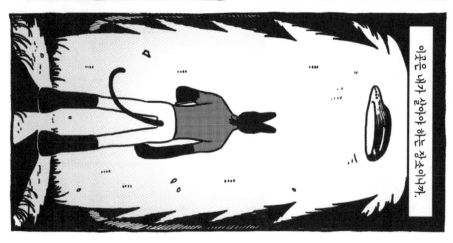

이곳은 내가 살아야 하는 장소이니까.

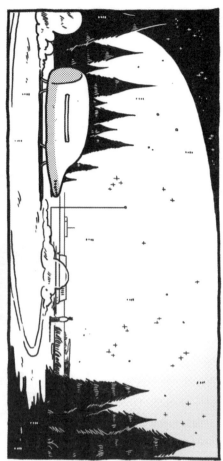

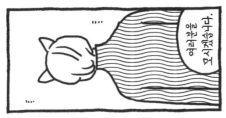
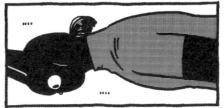

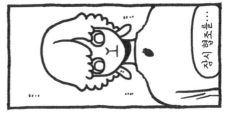

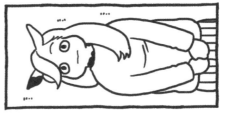

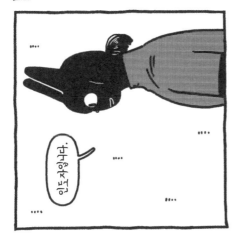

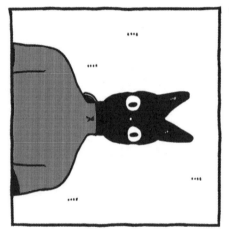

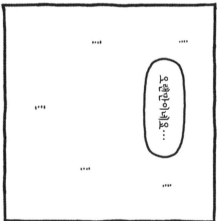

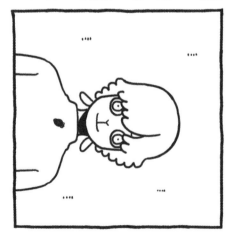

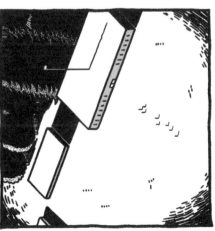

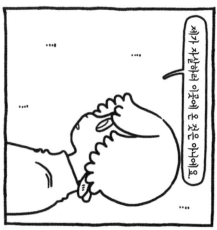

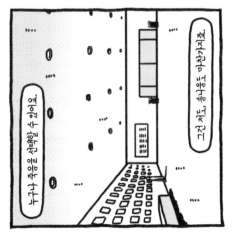

그래... 내가 이 일에
지원한 것은 알고 있었다.
진드스 한 일이었지.

·····

·····

·····

·····

하지만 이것은 내가 살아가는 이야기 되었어.

넌 알고 있잖나? 그리고...

·····

·····

·····

·····

그렇게 알게 됐잖아?

나에게 살아가라고...

·····

·····

·····

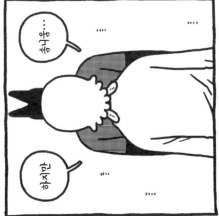

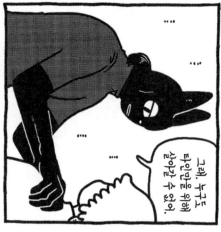

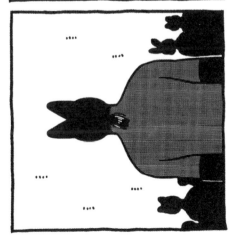

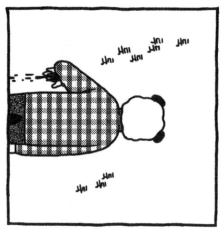

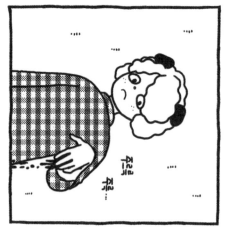

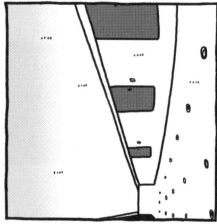

이 사지는 특별한 기능을 갖고 있는 것으로…

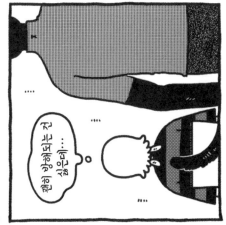

괜히 방해되는 건 아닌데…

네 사진은 바로 송해주마.

그 외 기능들은 생략하겠지만 두 번째…

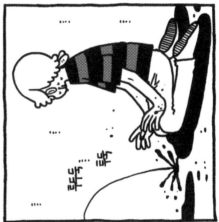

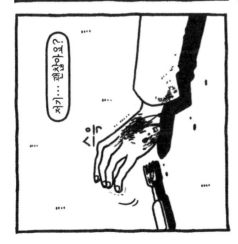

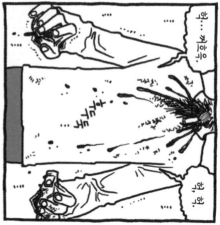

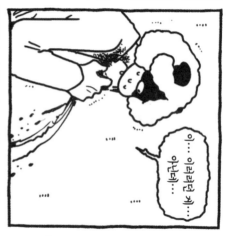

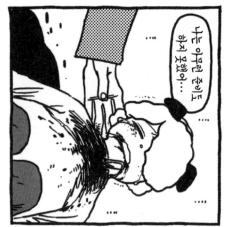

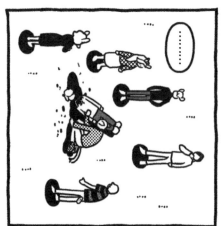

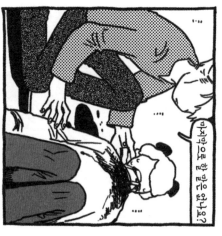

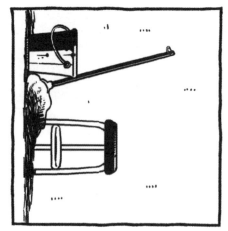

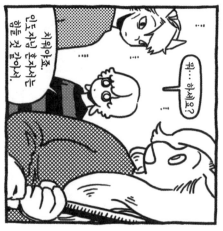

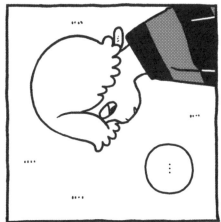

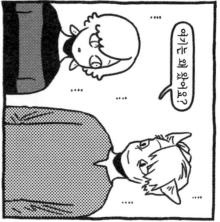

150 ◆ 151

그런 일들…
생쩡쟁이라
생각해요?

어쩌로 신은 산을 아아가는 거,
그게 진짜 생쩡쟁이인 거라고.

아, 저도요.
자상혀림 누구에서

여기 오기 전 그 일을 했거든요.

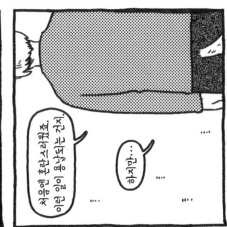

처음엔 훈란스러웠죠.
이런 일이 옳나도는 건지.

하지만…

…왜 그래요?

아, 죄송해요. 그냥…
아까 무척 익숙해 보여서요.
인드시가 좀 닮아네…

역 에 쌩각해 모세무
산생긴 판다람 무 제
아니라고

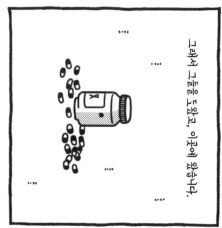

그래서 그들을 도왔고, 이곳에 있습니다.

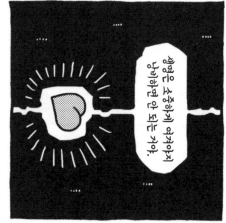

생명은 소중하게 여겨야지 낭비하면 안 되는 거야.

나는 나의 가치를 모두 끌어냈으니까.

충분히 아름다운 뒤에 비로소 스스로를 떠나보내는 것...

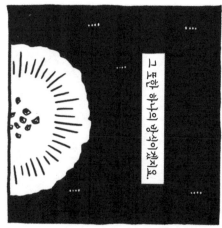

그토록 하나의 방식이 깨지도록.

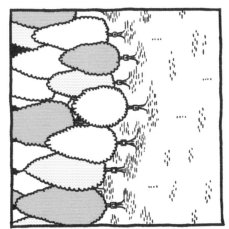

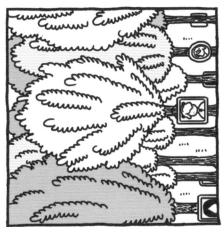

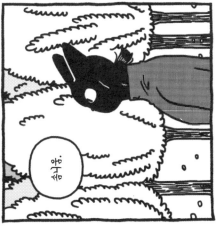

타인을 위해 싫어갈 수는 없는 거야.

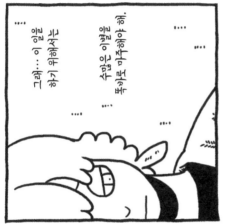

그래··· 이 일을 하기 위해서는 수많은 이별을 툭하고 마주해야 해.

내게 그런 각오가 있을까? 송녀움을 위해서···

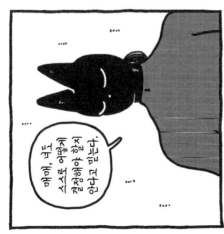

메메, 너도 스스로 어떻게 결정해야 할지 안다고 믿는다.

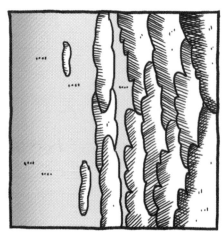

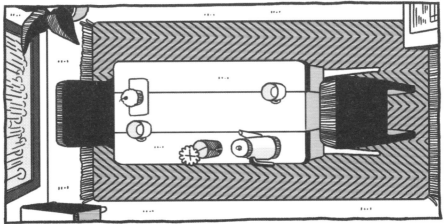

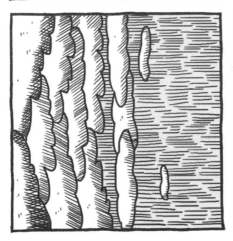

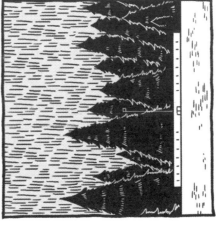

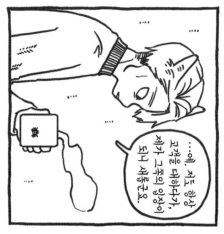

저는 이것부터 스스로의 무가치함에 절망했습니다.

응…

픽

이렇게 가치 없는
인생이라면,
그냥 끝내는 게
낫다고 생각했었죠.

자살행렬에 광고지인,
지금 당장 죽으라 이거지…

……

이 일은…

가치 있는 일은, 나 스스로를 가치 있게 하는 일은 하고 싶다.

내일 3시,
상담 잡아요.

나의 신청이 되었으며

누군가의 인생을 결정해준다는 것은 무척 특별했습니다.

고마워요.

안녕히 가십시오.

그들은 내가 말하는 대로 주었고

타인의 인생을
죽음으로 인도해주는
인도자.

그 생각 끝에 닿은 것이
바로 이 일이었죠.

사람들이 더 구워오면 좋겠소.

저는 인간의 가치가 되었습니다.

네, 지금 할이 좋아합니다.

나는 내가 가져 있음을 자랑스러워하며, 이를 더욱 단단히 만들고 싶어습니다.

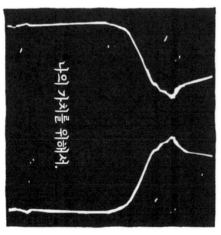

나의 가치를 위해서.

그래서... 더 소망했던 것입니다.

불안감을 해소시킬
안정제도 구입할 수 있어요.

자, 얼른 진행합시다.
고끼리.

바닥은 단단하고 넓은 콘크리트로
마감되어, 화산한 주음을 방지하죠.

제가
다음 스케줄도
있어서요.

이곳은 상투자산센터에서
지은, 투신 전용 건물입니다.

그게… 그러니까…

어쩔수없잖아

이곳에 왔습니다.

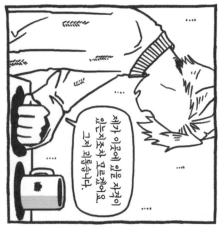

제가 이곳에 있을 자격이 있는지조차 모르겠어요. 그저 과장합니다.

하지만 저는 같은 게 어떻게…

자이는 저의 과오를 모두 털어내고 싶었어요.

그러나 저는 편히 주어서는 안 돼요.

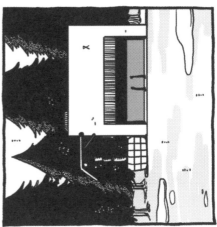

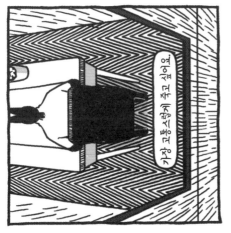

고마워요…

스스로의 죽음을
수긍한 뒤
평안히 눈을 감는 것.

그것이 마지막으로
고양이 인도자들이 이끌고
나가는 게 아닐까요.

이렇게 가서도
마음은 편치 않을것입니다.

첫째요, 당신… 떨고 있잖아요.

하지만 떠나는 것조차⋯
또 새로운 치가 될 것입니다.

한편으로 지는
제가 무기력해질 때쯤
기다리고 있어도지도
모르죠.

비로소 편안히 쉴 수 있는
가치 있어야 한다는 강박에 시달리지 않아도 괜찮으

그래도 낡이 길
괜찮을 것입니다.

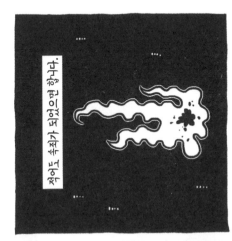

적어도 숯화가 되어으면 합니다.

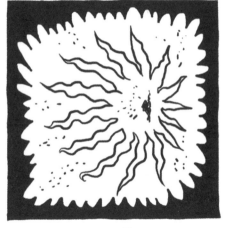

그냥
해안으로 가는
이 길의 고통이…

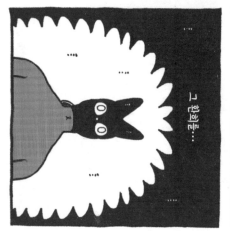

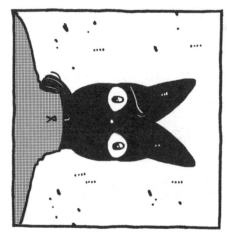

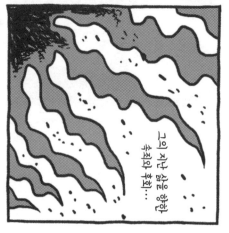

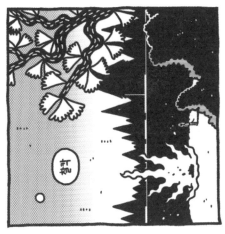

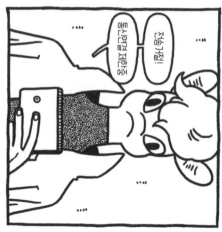

아니, 그런데… 어쩌다 여기에 오게 된 거죠?

이렇게 되는 거, 몇 마디 해주시죠. 예술활동으로 저런 우울증인가요? 상이 권태기, 상사? 뭐든 좋아요.

당신을 모르는 사람도 있습니까?

난 아닌요?

상관 말고 가시죠, 기자양반.

하하, 티가 났나요? 상관있지만…

아… 그래요! 당신, 자기 맞죠? 이거 엉망이네요.

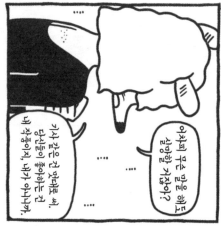

샤인이라니… 무슨 말이에요?

그…… 그건 우리의 선배들을 막기 위해 인드시가 있는 거라구요.

하, 맞은 말하는군.

그저 충동적으로 주움을 택한 비정 같은 것이러라. 그게… 샤인이 아니면 뭐겠어?

랫가이 프로젝트는 샤인을 위까운 쁜인 거짓봇지이다…

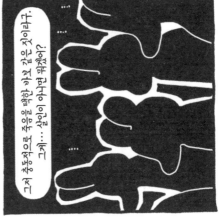

그냥 있는 사실을 알려주려는 것뿐이야.

뭐라고?

이 프로젝트가 시작된 이후 무수한 자살 사건이 이어졌어.

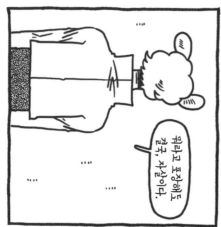

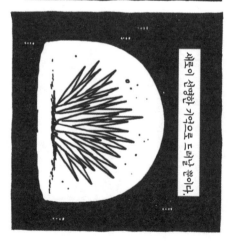

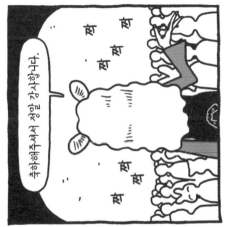

오늘 수고했어! 엔트도 아주 맛쳤고 말야.

…응 고마워, 네 덕이 크다.

담배를 돋자고. 아… 우리도 벌써 20년이 다 됐군.

그런데… 표정이 안 좋아 보여, 무슨 일이 있는 거야?

186 ◆ 187

죽으려고 한 거야.

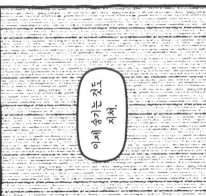

이제 숨기는 것도 지쳐.

사고였지?

네가 먼저 뛰어들었다는
소문이 있던데.
틀린 사실이잖아.

죽으려고 했어.

내가 다치고, 선장에
체 새끼가 있다니!

대단한 이슈가 됐어.
수상 다음에 사고라니.

뭐...?

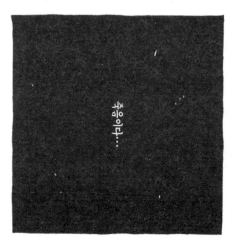

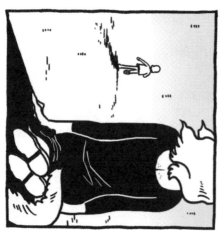

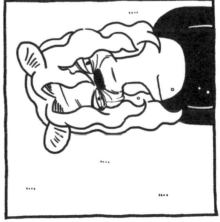

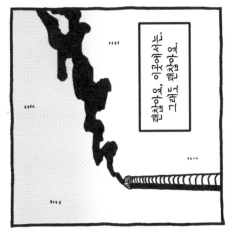

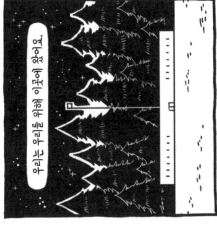

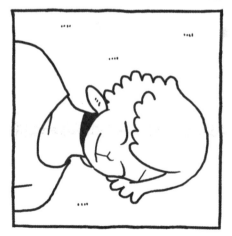

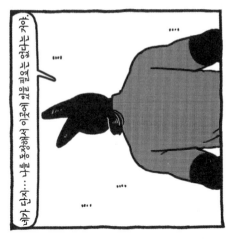

맞아요, 처음에는 오직
손님을 돕기 위해 앉아요.

저는...

하지만 이건 단지
손님들이 처음
덜어주려는 것만이
아니에요.

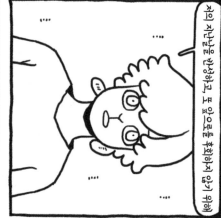

저의 지난날을 반성하고, 또 앞으로를 후회하지 않기 위해

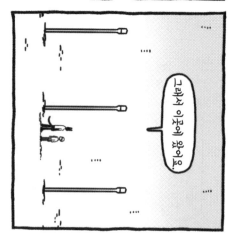

그래서 이곳에 왔어요.

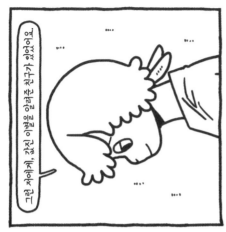

그런 저에게, 갓 진 이별을 아름답게 아려준 친구가 있었어요.

그래서…… 저에는 그 이별을 함께하고 싶어요.

아니, 오히려 맛대로 그들이 삶에 관여하고 판단했죠.

저는 손나웅이 떠나고 싶어하는 것을 알아요…… 언젠가 되더라도, 손나웅과 헤어져야 하겠죠.

저는 손나웅을 통해 자신감을 얻어갔지만 그 안의 본심을 알지는 못했어요.

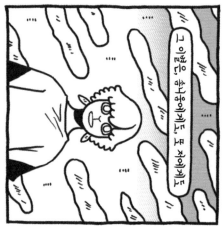

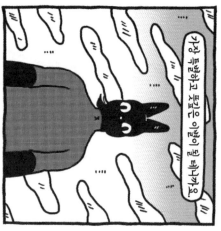

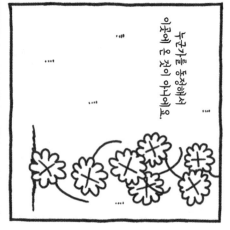

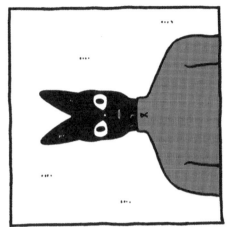

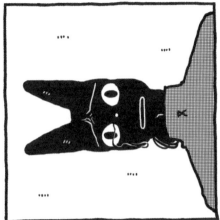

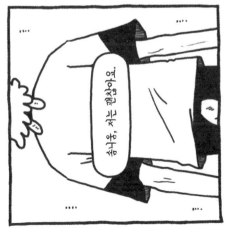

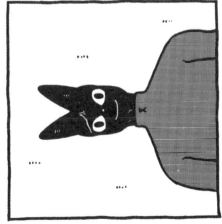

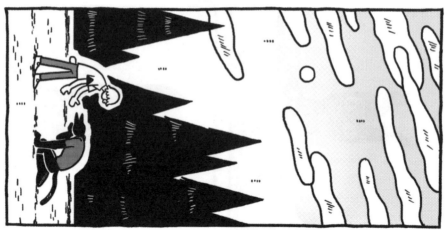

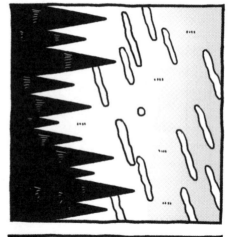

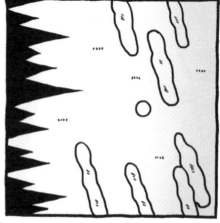

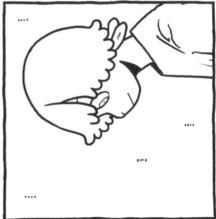

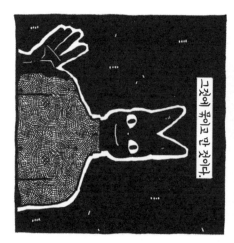

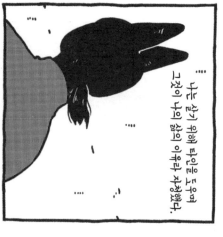

나의 마지막을 맡길 수 있다.

그런데도 꽤꽤.
너는 나의 이기심으로 나온 짐을 덜어 줄 수 있었느는 거냐?

하지만, 그래…
다른 누구도 아닌 너이기에.

이 얼마나 한심한가.

그럼에도 이렇게
마지막에도, 타인에게
의지해서…

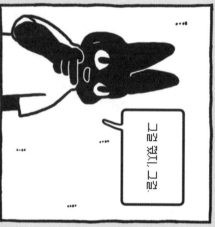

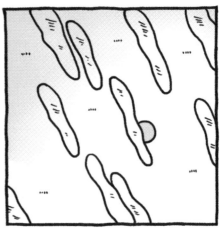

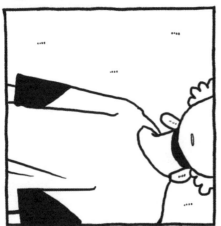

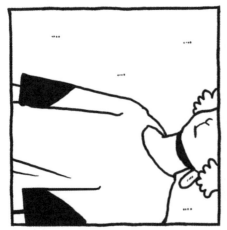

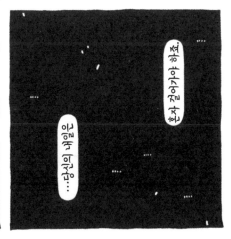

우리는 죽음을
받아들여야 합니다.

그것이 나의 죽음이든...

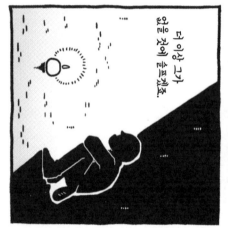

더 이상 그가
있을 것에 슬프겠죠.

내가 소중하게 여기는 이의
죽음이든 말이에요.

하지만 그것이
그의 인생이라면...

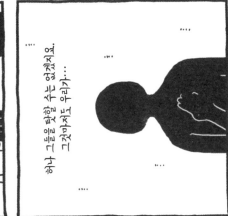

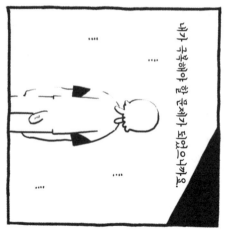

내가 극복해야 할 문제가 되었으니까요.

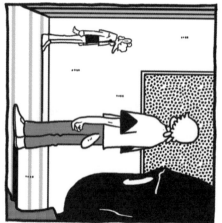

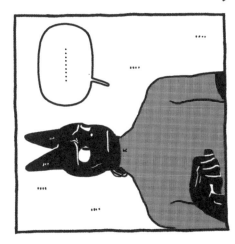

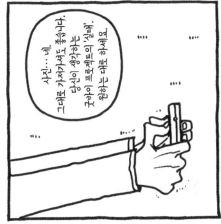

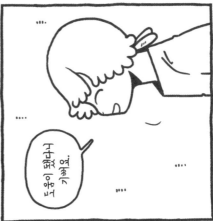

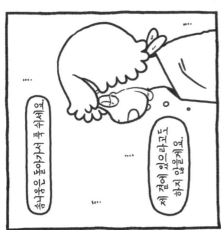

손가락은 돌아가서 푹 쉬세요.

제 곁에 있으라고도 하지 않을게요.

살아만 있으라고.

이 이모 제가 할게요.
제가 하고 싶어요.

살아만...

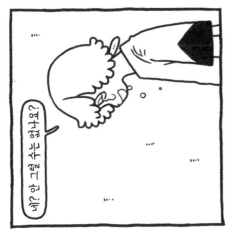

제가 안 그럴 수도 있나요?

그러니까 그냥... 살아만 있어줘요.

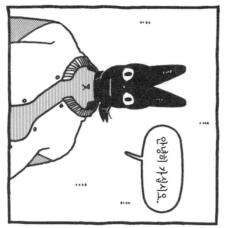

안녕히 가십시오.

돌아가신 새들이 줄어들었습니다.

...이젠요.

당신은 당신을 사랑하는 사람이 있다 해도 죽음을 거절할 수 있으셨어요?

봄이 차츰한 예정이어서, 무인기였나다.

하지만 인생성엔 많음이 여전히 있겠지요.

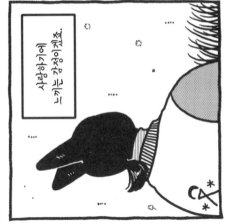

사랑하기에 느끼는 감정이겠지요.

죽음은 누군가에게 얼굴을 돌리는 방법이라니까.

그렇지만…

때론 그것이, 우리를 더 힘들게 하지도 몰라요.

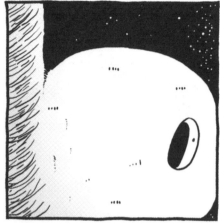

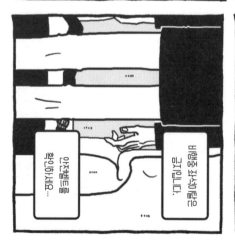

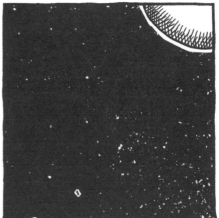

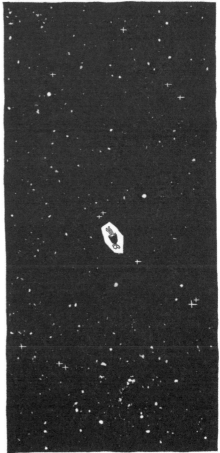

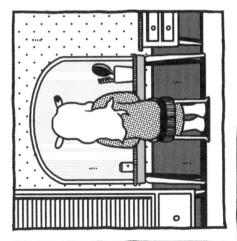

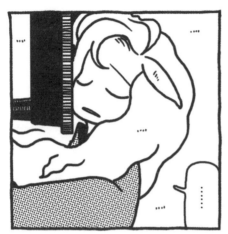

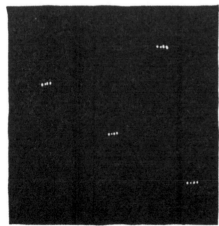

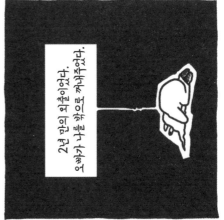

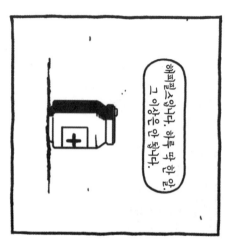

나는 이것이 나를 없애야 했기에,
약은 계속해 들어갔다.

말 그대로, 당신을
행복하게 해줄 것입니다.

슬픈 기억들이 사라진 것은 아니지만,
다른 감정이 나를 덮어졌다.

정신건강용으로 최근 개발되었죠. 양극은 아직아니다만...

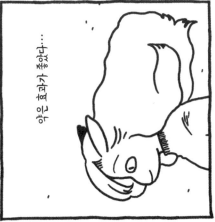

약은 효과가 좋았다...

이거... 가정병원에
드음도 주나요?

나는 괜찮아야 한다. 괜찮아야 했다.

그래야 괜찮은 가장 카지지 않으냐.

아의 내용으로 나는 초고씨
나를 제어하기가 어려웠다.

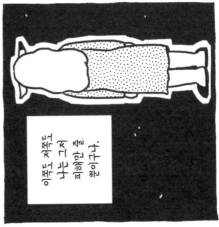

며칠은 안 나왔다. 약을 먹어서든.

. 행복해지는 약을 말야.

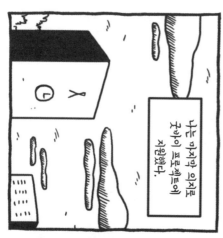

나는 마지막 의자를
구아이 프로젝트에
지원했다.

오빠, 나 떠나.

괜찮다는 건 어떤 거야?

다 내 잘못이지, 내가 잘못해서
내가 벌을 받는 거야···

괜찮다는 게 뭔지 기억이 안 나.

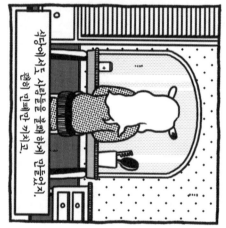

식당에서는 사람들을 불쾌하게 만들었지.
괜히 민폐만 끼치고.

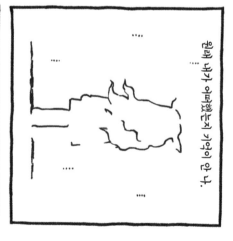

원래 내가 어땠는지 기억이 안 나.

오빠도 친척도 선생님도

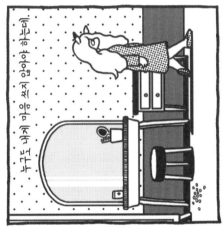

누구든 내게 마음 쓰지 않아야 하는데.

그것을 위해 나는 떠나온 것임에도.

아무도 나를 걱정하지 않아야 하는데.

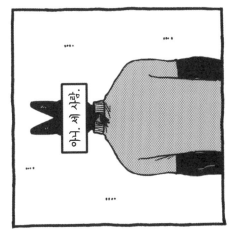

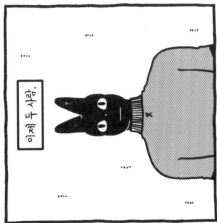

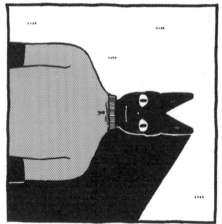

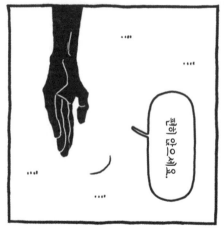

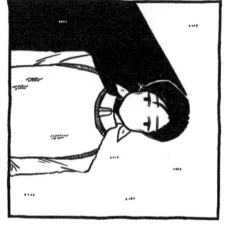

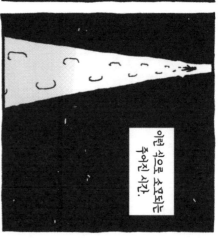

혼자 자살하지 그랬나구요?

그것은 아직 희망이었습니다.

하지만 경쟁률이 만만치 않은지 언제나 답장은 돌아오지 않더군요.

몇 통이나 신청서를 보냈습니다.

진전이 없는 상담에 지쳐 나는 굿바이 프로젝트를 봤죠.

자살하고 싶은 사람의 마음을 읽고 편하게 죽여주는 일이다.

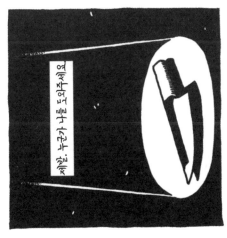

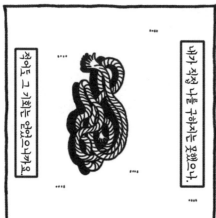

재이든 그 기회는 없었으니까요.

내가 직접 나를 구하지는 못했으니.

그럼 이웃에는...

신청서를 쓴 일이
있네요. 몇가
보냈어요. 당직 신사과
...네. 거짓은 같이죠.

그것을 저는 기뻐요.

저는 저의 노래으로 죽음에 다가갔어요.

제 노래이 통한 거깨지요?

저는... 그래요.

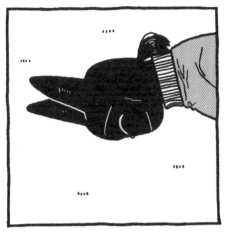

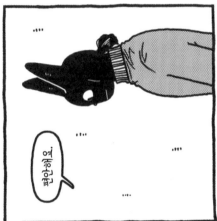

안정제, 이 정도면 될까요?

…한 알로는 좀 부족해요.

트라이라, 좋은 방법이죠.

환상을 주는 느낌이랄지 그런 거잖아.

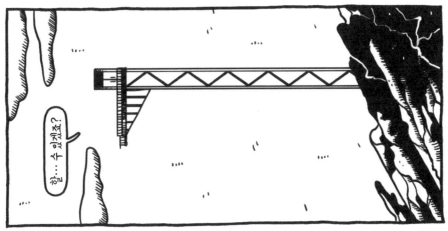

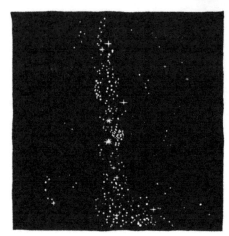

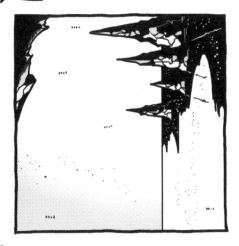

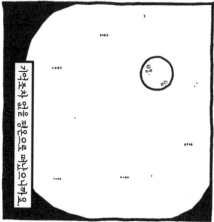

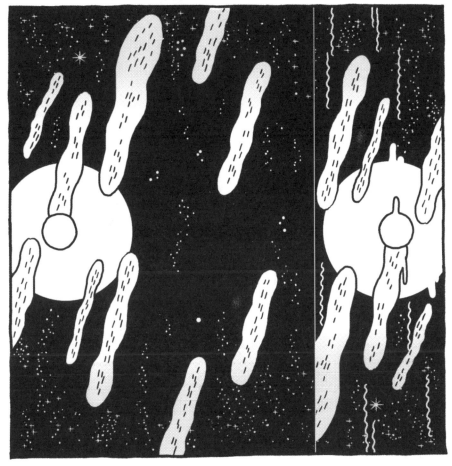

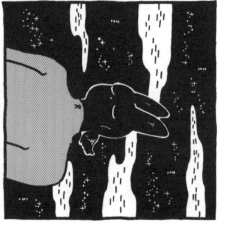

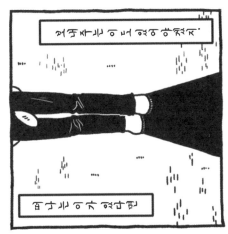

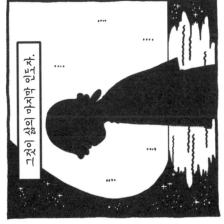

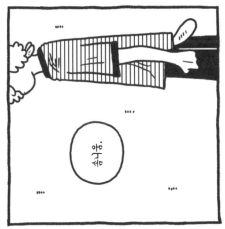

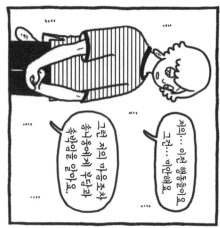

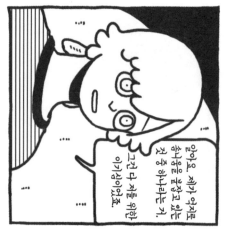

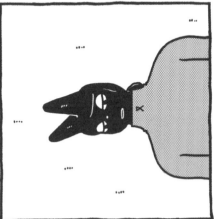

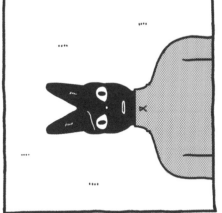

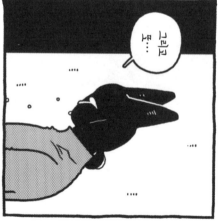

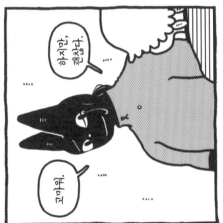

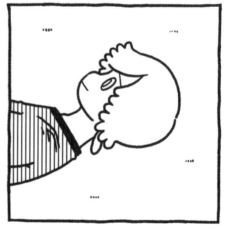

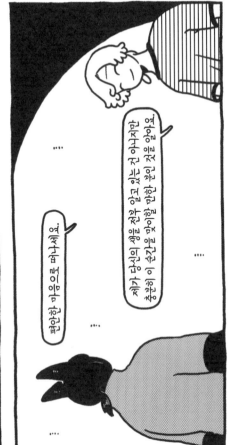

제가 당신의 생을 전부 알고 있는 건 아니지만 여생을 더 평안한 마음으로 편안한 마음으로 누릴 수 있길 바라는 것이지만 충분히 평안한 마음으로 맞이할 수 있을 거예요.

....

....

....

저는 손녀들과의 이별을 충분히 앞아들일 만한 시간과 추억이 있었기에 더는 슬퍼하지 않겠어요.

....

....

....

저도 다행이라고 생각해요. 손녀들이 갑자기 떠나지 않고 제게 마음을 이야기해줬던걸요.

....

....

그저 훌쩍 떠나셨다면 너무나 깊이 슬퍼했겠죠.

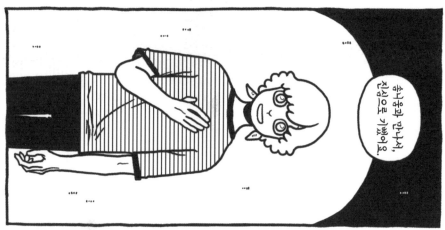

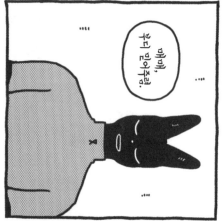

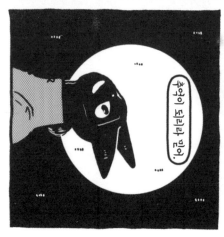

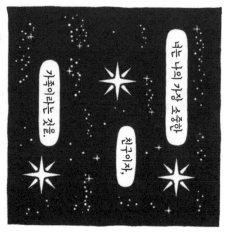

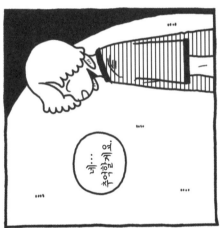

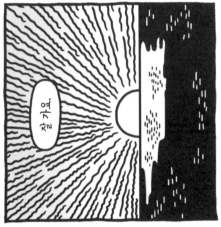

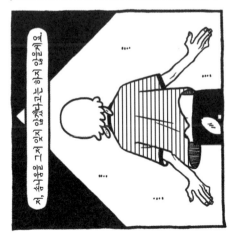

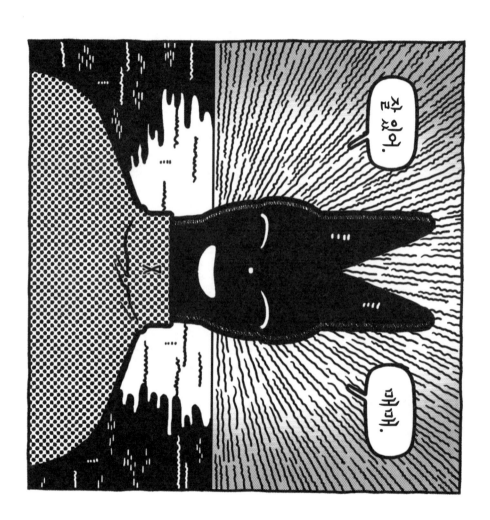

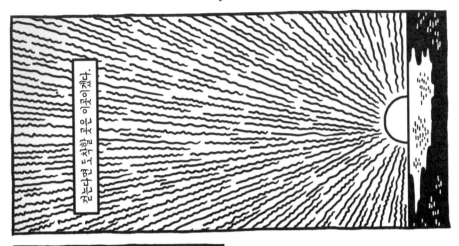

갈 수 있다면 드넓은 그곳은 이곳이겠다.

우연을 우연으로 남기지 않기 위해
우리는 시간을 쫓는 것이 아니
시간을 아래에 두고 걸어왔다.

우리는 삶과 우연히 조우한다.

이 세계 가지의 우연과
시간과
기억과
슬픔과
사랑과
감정과의 이별이 있는 이곳은

시간도 기억도 아닌
모든 살아있는 것을 가지의 숨간이리라.

그저, 죽음이라 이름 붙여진 것뿐이다.

굿바이 프로젝트

열한번째

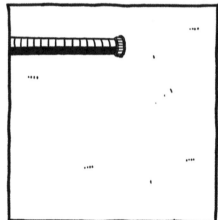
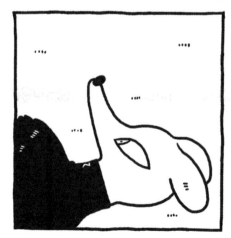
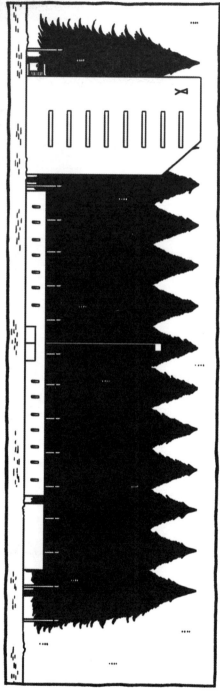

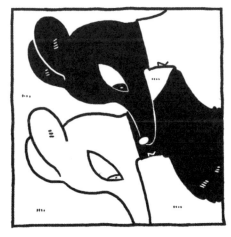

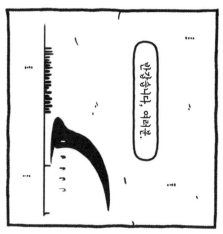

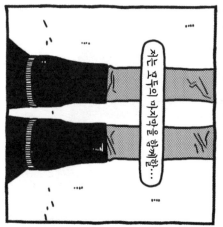

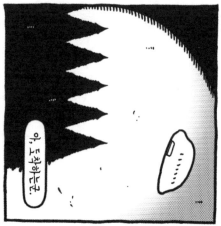

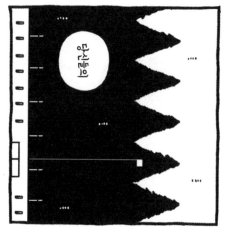

우리의 시대. 잊으치 않은 만남으로 시작된 이 삶은…
자별의 순간을 맞이하려 한다.

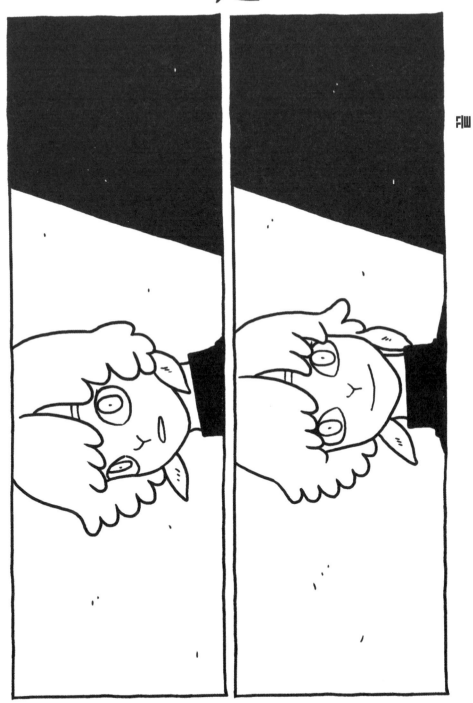

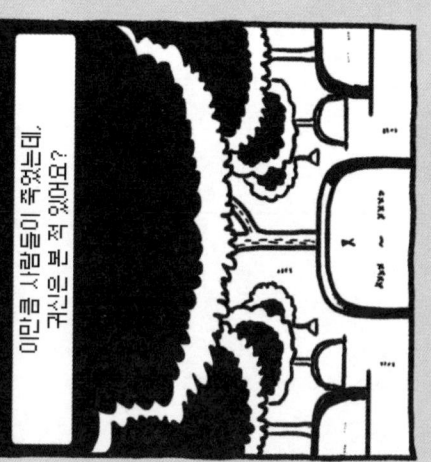

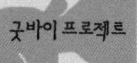

굿바이 프로젝트

# 굿바이 프로젝트 3

밤비 글·그림

초판 1쇄 인쇄일  2018년 7월 3일
초판 1쇄 발행일  2018년 7월 13일

발행인 | 한상준
기획 | 윤정기
편집 | 김민정·윤정기·이지원
디자인 | 김경희
마케팅 | 강점원
관리 | 김혜진
종이 | 화인페이퍼
제작 | 제이오

발행처 | 비아북(ViaBook Publisher)
출판등록 | 제313-2007-218호(2007년 11월 2일)
주소 | 서울시 마포구 월드컵북로 6길 97(연남동 567-40) 2층
전화 | 02-334-6123  팩스 | 02-334-6126  전자우편 | crm@viabook.kr  홈페이지 | viabook.kr

ⓒ 밤비, 2018

ISBN  979-11-86712-84-9  04810
      979-11-86712-81-8  04810(세트)

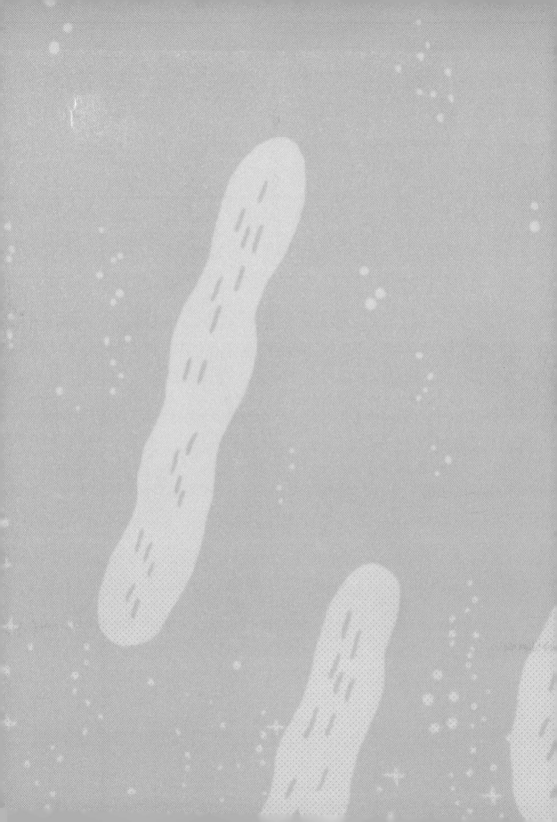